ネイティブママが実践！
中学英語だけで
話せる

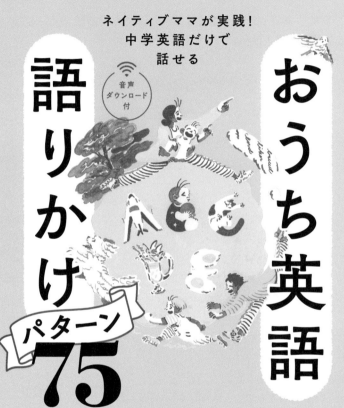

音声
ダウンロード
付

語りかけ
パターン
75

おうち英語

バイリンガル
ベイビー

JN048503

KADOKAWA

はじめに

この本は、「英語が苦手な方でも、話が止まらないほど、子どもにたくさん英語で語りかけられるようになる」本です。

ええ？　私、英語が苦手なのに、そんなに我が子に英語で話せないでしょう？　無理でしょう。

その疑問は、私も理解できます。

残念なことに、TOEFL iBTなどの国際英語試験で、日本は世界の中でもスコアのランキングで下位に位置しています(※)。英語のコンプレックスを持つ日本人は「子どもに無限に英語で語りかけられる」と言われても納得しにくいのは当然です。

そう思っているあなたに、ネイティブのママの私から1つの秘密をお伝えしたいです。

英語で子どもと話す時に、多くの場合、ネイティブの親は限られたパターンを使い回しています。

これは、適当に言っている訳ではなく、実証したことです。

私のYouTubeチャンネル（バイリンガルベイビー英会話）で、現在9歳の長男が生後8ヶ月の頃から英語による子育てVLOG動画を合計760本以上投稿してきました。その760本の動画を見返したら、子どもの年齢と関係なく、同じ英語のパターンを使って、語りかけていることが判明しました。

難しい英文法を知らなくても、同じパターンで、名詞や動詞、形容詞さえ替えれば、無限にお子さんに語りかけられることに気づいたのです。例えば、"Let's _____."の場合は空欄に動詞が入ります。この"Let's _____."さえ覚えておけば、"Let's run."（走ろう）や"Let's eat."（食べよう）や"Let's go."（行こう）などのように動詞を替えるだけで話せるセンテンスを増やせます。

そのパターンの数は75個です。私のような英語のネイティブスピーカーの親が日頃の生活の中で絶対に使っているパターンです。

本書ではこの75個のパターンを紹介しながら、各パターンで作ることができる数多くの語りかけ例文も紹介します。この本の目的は、どんなに英語が苦手な親御さんでも、限られた英語のパターンで、日常生活の中で、たくさんお子さんに対して英語で語りかけられるようになることです。

更に、声のトーンやイントネーションなどお子さんに英語で話す時に使うコツを、ネイティブママの観点で本書にすべて書きました。

この75個のパターンで、1人でも多くの親御さんに、自信を持って家で楽しくお子さんと英語で話せるようになってほしいです。これは私の心からの願いです。

2024年6月　バイリンガルベイビー

＊各国の英語教育の導入方法や導入時期、合計学習時間などは当然TOEFL iBTのその国の全体スコアに影響するので、各国のTOEFL iBTのスコアを比較するだけで「その国の英語力」は正確に判明できません。ただ、ご参考までに本書ではTOEFL iBTを元に記載させて頂きました。

＊書籍全体を通して、出典がある場合には本文に（※）と記載し、巻末の参考文献にまとめて記載しております。あわせてご参照ください。

contents

chapter

1 何かをお願いしたい時のパターン15

chapter

2 新しいことを教えてあげたい時の パターン19

chapter

3

意見を聞きたい時のパターン17

chapter
6 気持ちについて一緒に話したい時の
パターン7

chapter
7 親が独り言を言う時のパターン5

子育てによく使うWord List

音声ダウンロードについて

● Trackマークが付いている部分には対応した音声を用意しています。

パソコンでダウンロードして聴く方法

● 音声ファイルは以下からダウンロードして聞くことができます。

https://www.kadokawa.co.jp/product/322308001025

ユーザー名	katarikake-80	パスワード	7-english

● 上記ウェブサイトにはパソコンからアクセスしてください。音声ファイルは携帯電話、スマートフォン、タブレット端末などからはダウンロードできないので、ご注意ください。

● 音声ファイルはMP3形式です。パソコンに保存して、パソコンで再生するか、携帯音楽プレーヤーに取り込んでご使用ください。また、再生方法などについては、各メーカーのオフィシャルサイトなどをご参照ください。

● このサービスは、予告なく終了する場合があります。あらかじめご留意ください。

スマートフォンで音声を聴く方法

● ご利用の場合はQRコードまたはURLより、スマートフォンにアプリをダウンロードし、本書を検索してください。

abceed
AI英語教材エービーシード
abceedアプリ（無料）
Android・iPhone対応

https://www.abceed.com/

*abceedは株式会社Globeeの商品です
（2024年6月現在）。

本書についてお伝えしたいこと

本書は、子育てに使う英語の語りかけのパターンを教える本なので、「お風呂に入る時」や「ご飯を食べる時」などのようなシチュエーション別のフレーズを紹介するものではありません。1つの英語のパターンを日常生活の中で何回も効率よく使い回せるようにすることが目的です。そのパターンを自分に落とし込んで、子育て生活のどの場面でも使えるようになって頂きたいです。

こういった理由で、本書は「シチュエーション別」の構成にはしませんでした。本書の構成を決める上で大切にしたのは、「日頃から親として、子どもと何について話すの?」という観点です。その時、次の6種類の英文法のパターンで親子の会話が成り立つことがわかりました。

❶ 子どもに何かをお願いする時
❷ 子どもに愛情を見せる時
❸ 子どもの自信を付ける時
❹ 気持ちについて話す時
❺ 子どもに新しいことを教える時
❻ 意見を聞く時と親の意見を伝える時

また、子育て英語なので、本書で紹介したすべてのパターンは、レバイン式子育てという子育て法に沿って厳選しました。レバイン式子育ては、ハーバード大学を始め、数多くの名門大学の幼児教育研究を

元に日本人の親子のために私が開発したアメリカと日本のハイブリッド子育て法です。レバイン式は、0歳から一個人として接して尊重することで、お子さんの自己肯定感を高め、強い心と柔軟な思考力を育む子育てのメソッドです。すべてのパターンはこの子育て法に沿っているので、次のような共通点があることに気づいて頂けると思います。

❶「親子の対等な関係」を目指す

　親が偉いわけではなく、アメリカ人の親御さんと全く同じ様に、親子が対等な関係を築けるような英語のトーンで紹介しています。

❷親子で気持ちについて話し合う

　アメリカの最先端の研究で判明しているように、アメリカの家庭では、非認知能力の基礎作りのため、そして将来自分の気持ちを理解し制御できるようになるため、気持ちについてたくさん話し合います。ですので、親子でお互いの気持ちについて話し合えるパターンを多く入れました。

❸0歳でもお子さんのことを一個人と考えて接する

　本書を読んで頂く際、お子様が0歳でも「ええ？　赤ちゃんは理解できないでしょう?」と思わないでください。幼児期の言語能力の個人差は、大人になってからのIQにも影響するという研究があり、0歳からたくさんお子さんに語りかけることが大事です。（※）

それだけでなく、日本では子どもと意見交換しないと日本人の親御さんから言われたことが多くあります。しかしそれと同時に、将来的に「自分の意見をしっかり言えるようになってほしい」と思う親御さんも非常に多いです。そのために、親御さんは、0歳から「わが子に意見を聞く」練習をすることによって、そして親御さんがわが子に自分の意見を伝えることによって、親子の「意見交換」ができる関係性を作ることができます。そしてそれがお子さんの将来の意見形成力につながるため、あえて本書の中ではアメリカ人と全く同じ感覚で0歳からでもお子さんにたくさん意見を聞く例文を入れています。

また、ありがちな思い込みや先入観、バイアスを捨てて、家族全員が対等であるという目線で書くように努力しました。ですので、パターンの例文の中に、様々な家族構成と考え方を入れました。例えば次のような内容です。

- 共働きの家族もいる・共働きでない家族もいる
- 家事はパパもママも対等に行う
- ママもパパもおうち英語を実践する

なお、この本を書くにあたって、どの親御さんが読んでくださっても、不快感がないように意識しましたが、2人ママ家族や2人パパ家族の例文はあまり入れていません。理由は英語の文法的な誤解を招きやすいためです。その代わりに222ページにジェンダーとおうち英語についてのコラムを書いたので、ぜひそちらも参照して頂きたいです。

→222ページをチェック!

本書の特長と使い方

まずはパターンを確認しましょう！
すべて英語圏のパパやママが実際によく使うものを選びました。

0〜1歳の赤ちゃんを想定し、語彙や状況などを赤ちゃんに合わせた例文を掲載しています。

皆さんの語りかけが長く続けられるように、何歳でも使える例文も入れました。

2 Why don't we _____?

_____ をしようか？

 赤ちゃんの例文

Track 03

❶ Why don't we take a nap?
お昼寝しようか？

❷ Why don't we read a book?
絵本を読もうか？

❸ Why don't we sing a song?
歌を歌おうか？

 何歳でも◎

❹ Why don't we call Grandpa and talk to him?
じぃじに電話して話そうか？

❺ Why don't we clean up before bed?
寝る前に片づけようか？

024

例文はすべて音声ダウンロード付。
音声を聞いてネイティブスピーカーの発音・
イントネーションを真似してみましょう。

右ページにはパターンの英語に関することや、このパターンを使うことでどんな効果があるか？をしっかり解説しました。

 "we"を使う意味

もう気づかれていると思いますが"Why don't we　　　?"の例文の中に"we"という単語が含まれています。

ネイティブの親は、小さな子どもに対して、よく"we"を主語として使います。正確に言うと"we"を使う理由は2つありえます。

❶「一緒に」という意味で

"we"を使っているので、親も一緒に入るという意味もあります。学校で学ぶ"Let's go grab a coffee."（コーヒーを一緒に飲みに行こう）に近い意味です。

❷「マザリーズ」として使う

58ページで紹介していますが、簡単に言うと、マザリーズとは赤ちゃんと話す時に親が使っている話し方の変化のことです。科学者がよく指摘しているのは、声のトーンを上げて話したり、言葉自体を音楽のようにして語りかけたりする傾向です。（※）また、英語ネイティブの親御さんが自然に行っているマザリーズの1つとして、赤ちゃんと話す時に赤ちゃんのことを"you"と言わず、"we"と呼ぶことがあります。これは、ネイティブでないと説明しにくいのですが、私は子どもが産まれた時に、本当に自然と赤ちゃんのことを"we"と呼びました。

今回の"Why don't we　　　?"というパターンは、2つ目の理由で"we"を使っています。例文❹、❺の場合はシチュエーションによっては、1つ目、2つ目の両方の理由があり得ますし、また、「○○しよっか」のような命令のニュアンスを込めることもできます。

 このバリエーションもある

"Why don't we　　　?"の代わりに使えるパターンは2つあります。どちらも、全く同じ意味なので、「"Why don't we　　　?"ばかりを使っているかも？」と気にされている方は、ぜひ、次の2つのどちらかに替えてみてください。

Why don't we take a bath?
  Ⓐ How about we 　　　?
    How about we take a bath?
  Ⓑ What do you say we 　　　?
    What do you say we take a bath?

意味は同じなので、どれを使っても問題ありません。

このパターンを使っている「バイリンガルベイビー英会話」のYouTube動画を掲載しています。実際にどんな場面で、どのようにパターンを使うかをチェックすることができます。

参考動画

025

* 本書に掲載している動画は掲載を終了する場合がございます。
あらかじめご了承ください。

何かを
お願いしたい
時の
パターン15

1 Let's ____ !

____ しよう!

 赤ちゃんの例文

Track 01

❶ Let's take a bath!
お風呂に入ろう!

❷ Let's change your diaper!
おむつを替えよう!

❸ Let's take a walk!
お散歩に行こう!

 3歳〜◎

❹ Let's go to the movies!
映画を観に行こう!

❺ Let's go to the market!
スーパーマーケットに行こう!

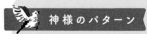 **神様のパターン**

このパターンは言語や場面に関係なく、よく使う基本的なものなので、
例文を多く紹介したいと思います。

 Track 02

Let's [___]. ○○しよう。	**read** [___]. ○○を読もう。	**a story.** 絵本を読もう。 **a bedtime story.** （寝る前の）絵本を読もう。 **a fairy tale.** おとぎ話を読もう。 **a nursery rhyme.** 童謡を読もう。 **a pop-up book.** 仕掛け絵本を読もう。 **a poem.** 詩を読もう。
	build a [___]. ○○を作ろう。	**fort.** 秘密基地を作ろう。 **tower.** タワーを作ろう。 **house.** 家を作ろう。
	build a [___] **with** [___]. ○○で○○を作ろう。	**fort with blankets.** 毛布で秘密基地を作ろう。 **tower with blocks.** 積み木でタワーを作ろう。 **house with blocks.** 積み木で家を作ろう。
	play with your [___]. あなたの○○で遊ぼう。	**toys.** あなたのおもちゃで遊ぼう。 **blocks.** あなたの積み木で遊ぼう。 **teddy bear.** あなたのテディベアで遊ぼう。 **bath toys.** あなたのお風呂のおもちゃで遊ぼう。 **stickers.** あなたのステッカーで遊ぼう。

Let's ○○しよう。	explore ○○を冒険しよう。	**the house.** 家の中を冒険しよう。 **the neighborhood.** 近所を冒険しよう。 **the city.** 町を冒険しよう。 **the train station.** 駅を冒険しよう。 **the supermarket.** スーパーを冒険しよう。 **the park.** 公園を冒険しよう。
	have some ○○を食べよう。	**breakfast.** 朝ご飯を食べよう。 **lunch.** お昼ご飯を食べよう。 **dinner.** 夕飯を食べよう。
	play ○○ごっこしよう。	**princess.** お姫様ごっこしよう。 **doctor.** お医者さんごっこしよう。 **pirates.** 海賊ごっこしよう。 **bakery.** パン屋さんごっこしよう。 **teacher.** 先生ごっこしよう。 **astronaut.** 宇宙飛行士ごっこしよう。 **firefighter.** 消防士ごっこしよう。 **chef.** 料理ごっこしよう。

Let's ▨▨▨▨. ○○しよう。	**eat** ▢▢▢▢. ○○を食べよう。	**a snack.** おやつを食べよう。 **an apple.** りんごを食べよう。 **breakfast.** 朝ご飯を食べよう。 **lunch.** お昼ご飯を食べよう。 **dinner.** 夕ご飯を食べよう。 **some fruit.** 果物を食べよう。 **something yummy.** 美味しいものを食べよう。
	go to ▢▢▢▢. ○○に行こう。	**the supermarket.** スーパーマーケットに行こう。 **the drugstore.** ドラッグストアに行こう。 **the doctor.** 病院に行こう。 **the library.** 図書館に行こう。 **the park.** 公園に行こう。

32ページに"Let's ▨▨▨▨."を使う時に、若干注意しないといけな
いことについて書いたのでそちらもご参照ください。

→32ページをチェック!

参考
動画

2 Why don't we [ ] ?

[ ] をしようか？

 赤ちゃんの例文

 Track 03

❶ Why don't we take a nap?
お昼寝しようか？

❷ Why don't we read a book?
絵本を読もうか？

❸ Why don't we sing a song?
歌を歌おうか？

 何歳でも◎

❹ Why don't we call Grandpa and talk to him?
じぃじに電話して話そうか？

❺ Why don't we clean up before bed?
寝る前に片づけようか？

"we"を使う意味

もう気づかれていると思いますが"Why don't we _____?"の例文の中に"we"という単語が含まれています。

ネイティブの親は、小さな子どもに対して、よく"we"を主語として使います。正確に言うと"we"を使う理由は2つありえます。

❶「一緒に」という意味で

"we"を使っているので、親も一緒に入るという意味もあります。学校で学ぶ"Let's go grab a coffee."(コーヒーを一緒に飲みに行こう)に近い意味です。

❷「マザリーズ」として使う

58ページで紹介していますが、簡単に言うと、マザリーズとは赤ちゃんと話す時に親が使っている話し方の変化のことです。科学者がよく指摘しているのは、声のトーンを上げて話したり、言葉自体を音楽のようにして語りかけたりする傾向です。(※)また、英語ネイティブの親御さんが自然に行っているマザリーズの1つとして、赤ちゃんと話す時に赤ちゃんのことを"you"と言わず、"we"と呼ぶことがあります。これは、ネイティブでないと説明しにくいのですが、私は子どもが産まれた時に、本当に自然と赤ちゃんのことを"we"と呼びました。

今回の"Why don't we _____?"というパターンは、2つ目の理由で"we"を使っています。例文❹、❺の場合はシチュエーションによっては、1つ目、2つ目の両方の理由があり得ますし、また、「○○しよっか」のような命令のニュアンスを込めることもできます。

このバリエーションもある

"Why don't we _____?"の代わりに使えるパターンは2つあります。どちらも、全く同じ意味なので、「「Why don't we _____?」ばかりを使っているかも?」と気にされている方は、ぜひ、次の2つのどちらかに替えてみてください。

Why don't we take a bath?

    Ⓐ **How about we _____ ?**
        How about we take a bath?

    Ⓑ **What do you say we _____ ?**
        What do you say we take a bath?

参考動画

意味は同じなので、どれを使っても問題ありません。

3　I need you to ［　　　　　］.

［　　　　　］をしてほしい（［　　　　］して）。

 3歳〜◎

❶ I need you to clean your room.
部屋を片づけてほしい。

❷ I need you to finish eating.
食べ終わってほしい。

❸ I need you to keep it down.
静かにしてほしい。

❹ I need you to brush your teeth.
歯磨きして。

❺ I need you to hurry up and go to school.
早く準備して学校に行って。

英語子育ての基本のパターン

このパターンはネイティブの親がよく使う子育て表現の基本パターンの1つです。32ページにあるように、命令の仕方によってお子さんに伝わるメッセージは異なってきますが"I need you to ▢▢▢▢▢."は、お子さんの意見（やりたい・やりたくない）とは関係なく、とにかく、お子さんに何かをしてほしい時に使うパターンです。よく使うシチュエーションは次の通りです。

- 片づけてほしい時
- ゆっくり食べている時（早く食べ終わってほしい時）
- 何回も何かをお願いしたけどやってくれていない時

このパターンは、「とにかく〇〇をやって！」と思う時に使える便利な命令文です。やってもらわないと困るお願いの時に使えるパターンです。

 赤ちゃんに使わない

"I need you to ▢▢▢▢▢."は、子どもの行動（片づけなど）が伴うパターンなので、赤ちゃんには使えません。赤ちゃんに対して何かをお願いしたい時には、例えば次の2つのパターンを使ってみてください。

- 28ページの"Can you ▢▢▢ for ▢▢▢?"（〇〇に〇〇してくれる?）
- 30ページの"Let's not ▢▢▢."（〇〇をしないでね。〇〇をやめようね。）

 こんなバリエーションもある！

"You need to ▢▢▢."というパターンも使えます。ほぼ同じ意味で、どちらを使っても基本的には大丈夫ですが、正確にいうとニュアンスの違いがあります。"You need to ▢▢▢."はただ「〇〇をしてほしい」という意味であり、"I need you to ▢▢▢."は何度もお願いしているのにまだやっていない時に使う、より厳しい命令のパターンです。次の例文をご覧ください。

I need you to clean your room.

部屋を片づけてほしい。（何回もお願いしているなど、親のフラストレーションを感じる）

You need to clean your room.

部屋を片づけないと。（片づけてほしい）

参考動画

4 Can you ▢ for ▢ ?

▢ に ▢ してくれる?

赤ちゃんの例文

Track 05

❶ Can you open your mouth for Daddy?

パパに口を開けて見せてくれる?

(病気か歯の心配などで口の中を見たい時に使う)

❷ Can you kick for Mommy?

ママにキックを見せてくれる?

(おむつを替える時やマットで遊ぶ時)

何歳でも◎

❸ Can you set the table for Mommy?

(ママに)テーブルをセットしてくれる?

❹ Can you open the door for Daddy?

(パパに)ドアを開けてくれる?

❺ Can you put this away for Mommy?

(ママに)これを片づけてくれる?

年齢によって使い方が違う

このパターンは何かをお子さんにお願いしたい時に使うパターンですが、赤ちゃんに対しては、何かを依頼したいから使うのではなく、新しい技をやってみてほしい時によく使います。例えば、"Can you wave for me?"「手をバイバイして見せてくれる?」などと聞くことで手を振る練習をしてほしい時です。

赤ちゃんに対してこのパターンを使う時には、何の話をしているのかを赤ちゃんに更に説明できるように、ネイティブの親はこのパターンを使った後に次のように繰り返して言います。

> パターンを言う ＋ 動詞〜の部分を繰り返す ＋ 動詞だけ繰り返す

例えば例文❷なら…

> ⋯┆**Can you kick for Mommy?** Kick for Mommy. Kick.
>
> 　　ママにキックを見せてくれる?　キックよ。キック。

 お願いに使える

もう少し大きいお子さんの場合、本当に何かをやってほしい時（何かをお願いしたい時）、このパターンを使います。優しいお願いの仕方になります。

> 例文❸
>
> **Can you set the table for Mommy?**
>
> （少し柔らかいお願い）
>
> ⋯┆**Set the table for Mommy.**
>
> 　　（少し硬いお願い）

 年齢次第で若干変える

46ページに書きましたが、お子さんが小さいうちは、ネイティブの親は自分のことを"Mommy"と"Daddy"と呼んでいます。しかし、ある程度の年齢になると"I"や"me"に変えます。家族によってその年齢は異なりますが、もしおうちで親が自分のことを既に"I"や"me"と言っているのであれば、"Mommy"と"Daddy"を"me"に変えてもいいです。例えば次のようになります。

> 例文❸
>
> **Can you set the table for** Mommy?
>
> （テーブルをセットしてくれる?）
>
> ⋯┆**Can you set the table for** me?

参考動画

5 Let's not .

□□□□□をしないでね（□□□□□をやめようね）。

 赤ちゃんの例文

 Track 06

❶ <u>Let's not</u> pull Mommy's hair.

ママの髪の毛をひっぱらないで。

❷ <u>Let's not</u> bite your sister's finger.

お姉ちゃんの指を噛まないでね。

 何歳でも◎

❸ <u>Let's not</u> scribble on the walls.

壁に描かないでね。

❹ <u>Let's not</u> make a mess.

ごちゃごちゃにしないでね。

❺ <u>Let's not</u> tease. (Let's not tease our friends / Mommy.)

人（友達／ママ）をからかわないでね。

❻ <u>Let's not</u> play with our food.

ご飯で遊ばないでね。

"Let's not ＿＿＿." と "Don't ＿＿＿." の違い

32ページのコラムで紹介するように、子どもに対して命令文を使う時に、声のトーンを上げたり、言い方に若干気をつけたりすると、より対等な親子関係を築けます。例えば、例文❹の"Let's not make a mess."は、もし、"Don't make a mess."に言い換えたら、上から目線になり、怒っている姿勢も若干伝わります。なのでよっぽどじゃない限りは（急に道で走り出したら当然"Don't run into the street!"と言ってもいい）、日頃何かをやめてほしい時には"Let's not ＿＿＿."と言うのがいいです。

理由も付け加えよう

お子さんの思考力を育むためには、ただただ「やめなさい」と言うよりも、やめてほしい理由を伝える習慣もつけた方がいいです。例えば例文❷、❹なら…

> **Let's not** bite your sister's finger. It's going to make her sad.
> お姉ちゃんの指を噛まないでね。お姉ちゃんが悲しくなるからね。

> **Let's not** make a mess. It takes a long time to clean it up.
> ごちゃごちゃにしないでね。片づけるのが大変だから。

理由を付け加えることによって、お子さんの思考力を高めましょう！

年齢によってトーンを変える

Track 07

58ページで説明するように、世界中の親は赤ちゃんと話す時にトーンを上げます。英語も同様です。ですので"Let's not ＿＿＿."のパターンを赤ちゃんに話す時にも、少し声のトーンを上げます。ただ、このパターンの意味は「○○をしないでね」なので、より大きいお子さんに対しては声のトーンを上げる必要はありません。

赤ちゃんの場合	より大きいお子さんの場合
Let's not bite your sister's finger. お姉ちゃんの指を噛まないでね。	Let's not bite your sister's finger. お姉ちゃんの指を噛まないでね。

参考動画

命令文の意外な
落とし穴に注意

"Let's ___." と "Why don't we ___?" は、同じような意味を持つように見えるかもしれません。実は、知っておくべき違いがあるのでご説明します。

Let's ___.

❶ お子さんへの選択肢を与えない「命令」に近い言い方

❷ 命令文ではあるものの"Let's"(Let us)も入っていて「一緒に」というニュアンスがあるので、若干やわらかく聞こえる

Why don't we ___?

❶ 命令文より「提案型」のため、何かをやってほしいなと思った時に、こういった聞き方の方が優しい響きがある

❷ 完全な命令ではないため、お話のできるお子さんなら、もしかすると交渉などをされる可能性がある

自分の意見を伝える力を育てるには"Why don't we ___?"という表現をぜひ1日の中でたくさん使うのがいいですが、実は"Let's ___."も大事な表現です。なぜかというと、1日の中にはお子さんに選択肢を与えられる場面だけではないからです。例えば、

- **Let's go to kindergarten now.**（幼稚園に行こう。）

- **Let's brush our teeth now.**（歯磨きをしよう。）

- **Let's get dressed.**（着替えよう。）

このような場面は、お子さんの意見に関係なく、やらないといけないことなので"Let's ___."を使った方がいいです。

結論としては、"Let's ___."も"Why don't we ___?"も、それぞれ大事な役割を果たします。ですので両方とも使ってみましょう。

簡単なまとめ

本書では、様々な命令のパターンを紹介しています。まず、それぞれの命令のパターンのニュアンスの硬さについて右の図に整理してみました。

更に、命令のパターンのそれぞれの細かいニュアンスの違いもご理解頂くために次の枠内のまとめもぜひご参照ください。

[命令文の硬さ]

より硬い
命令文

No 3 I need you to clean up.

Clean up.
Clean up please.　ほぼ同じぐらいの硬さ！

No 1 Let's clean up.

3つとも同じぐらいのニュアンス！

No 2 Why don't we clean up?　How about we clean up?　What do you say we clean up?

No 4 Can you clean up for Mommy?

より
柔らかい
命令文

	番号	パターン	ニュアンス
より硬い命令文	3	<u>I need you to</u> clean up.	・硬い命令文 ・お子さんの意思を考慮しない言い方 ・何回もお願いしたのにお子さんがまだやっていない時に使う ・親のフラストレーションが含まれる言い方なので声のトーンを優しく上げたりしなくてもいい
↕	なし	Clean up.	命令文になるので、使う時に、優しく聞こえるように声のトーンを少し上げたり、笑顔で言ったりする。
	1	<u>Let's</u> clean up.	・命令文だが「Let'sなし」（1つ上）より優しい ・お子さんの意思関係なく、「○○をする時間だよ」というニュアンスがある ・日頃から命令文として使って頂いてOK
	2	<u>Why don't we</u> clean up?	・命令より「提案型」 ・親の提案にのってほしい（モチベーションをあげたい）時に使う ・100％親の言う通りにしなくてもいい（親の命令にそのまま従わなくてもいい）場合は、この表現の方が、お子さんの思考力につながる。
より柔らかい命令文	4	<u>Can you clean up for</u> Mommy?	・命令文の中でも最も柔らかいお願いの仕方 ・"Can you"を使っているので、お子さんに断られる可能性がある

使う場面のニーズによって、どのパターンを使うか決めて頂ければと思います。

6 Let's put the [＿＿＿＿] back.

[＿＿＿＿] を（元あったところに）戻そう。

赤ちゃんの例文

Track 08

❶ Let's put the book back.

絵本を戻そう。（家や本屋さん、図書館などで使える）

❷ Let's put the plate back.

お皿を戻そう。

何歳でも◎

❸ Let's put the empty tray back.

空になったトレーを戻そう。（お店やフードコートなどで）

❹ Let's put the crayon back in the box.

クレヨンを箱に戻そう。

❺ Let's put the chocolate back.

チョコを戻そう。（スーパーマーケットなどで）

clean upとpick upとput awayとput backの違いは?

この4つはややこしいので1本の線を想像して頂きたいです。その線には一番左から一番右まで4つの点があります（A,B,C,D）。左のAに近づくほど「片づける」という意味になり、右のDに近づくほど、「モノを元の場所に戻す」という意味になります。

片づける　　　　　　　　　　　　　　　　　　　　　　元の場所に戻す

	A	B	C	D
	clean up	pick up	put away	put ⬚ back
意味	片づける	散らかったものを拾う	正しい収納場所にモノを置く	モノを元の場所（正しい場所）に戻す
ニュアンス	「きれいにする」や「整理する」などのような行為が伴う	「片づける」に近いが正確に言うと、「モノを拾う」という意味になる	「片づける」という意味もあるし、「元の場所に戻す」という意味もある	「きれいにする」とか「整理する」などのような「お片づけ」と関連する行動がない

非常に微妙な違いなので、とにかく片づけてほしいと思う時には、あまり気にせずにどれを使って頂いてもいいです。例えば「おもちゃを片づけてほしい」時には

- **Let's clean up your toys.**
- **Let's pick up your toys.**
- **Let's put away your toys.**
- **Let's put back your toys.**

のどれを使ってもいいです。

ちなみに、私の動画の中では"put away"も結構使っています。

参考動画

7 It's ▢▢▢▢▢ time.

▢▢▢▢▢の時間だよ。

 赤ちゃんの例文

Track 09

❶ It's nap <u>time</u>.
お昼寝の時間だよ。

❷ It's baby gym <u>time</u>.
ベビージムで遊ぶ時間だよ。

❸ It's story <u>time</u>.
絵本の時間だよ。

 何歳でも◎

❹ It's bed <u>time</u>.
寝る時間だよ。

❺ It's bath <u>time</u>.
お風呂の時間だよ。

こんなバリエーションもある！

この"It's ___ time."はネイティブの親にとって神様のようなパターンであり、私のYouTubeチャンネルでも、使っているシーンをたくさん観て頂いているかと思います。

1日の中で使いすぎていると思ったら、"It's time to ___."というバリエーションも使えます。
意味は全く同じなので、お子さんの年齢に関係なく、気分次第で使い分けて頂けます。
例えば例文❶、❷、❸なら、

⋯⋗ **It's time to** take a nap.

⋯⋗ **It's time to** play on your baby gym.

⋯⋗ **It's time to** read a story.

 スキンシップをとりたい時に使えるパターン

"It's ___ time."は、スキンシップをとりたい時に使える可愛いパターンでもあります。
例えば

It's cuddle time. （ギューする時間だよ。）

It's hugging time. （ハグする時間だよ。）

It's kissing time. （キスする時間だよ。）

 お子さんの気持ちを尊重しよう

上記のように、このパターンはスキンシップに使えますが、スキンシップは0歳の赤ちゃんでも嫌がることがあるため、お子さんの顔や反応などを見ながらしましょう。赤ちゃんが全然違う方向を見たり、ハグなどから離れようとしたりしていたら、別のことをやってみてください。

参考動画

8　Are you ready to ⬜⬜⬜⬜?

⬜⬜⬜をする？（⬜⬜⬜をする準備ができた？）

 赤ちゃんの例文

 Track 10

❶ Are you ready to drink some milk?
ミルクを飲む？

. . . .

❷ Are you ready to eat some baby food?
離乳食を食べる？

. . . .

❸ Are you ready to do some tummy time?
うつ伏せの練習をする？
＊英語でこの練習自体を「タミータイム」といいます。

. . . .

 何歳でも◎

❹ Are you ready to eat lunch?
お昼ご飯を食べる？

. . . .

❺ Are you ready to go outside?
外に行く？

. . . .

0歳の赤ちゃんの「尊重」にもつながる表現

"Are you ready to　　　　?"と"Let's　　　　."は日本語に訳すと両方とも「提案する表現」になります。ただ、英語では少しニュアンスが異なります。そのニュアンスの違いについて少しご説明したいと思います。

"Are you ready to　　　　?"は、お子さんの意見を求めるパターンであり、お子さんの心の準備が大事という姿勢を見せる言い方です。これにより、お子さんの自己肯定感につながるパターンです。

一方"Let's　　　　."は前向きな提案や軽い命令の表現になります。

ですので、ぜひ、0歳から"Are you ready to　　　　?"のようなパターンでお子さんの自己肯定感を高めていきましょう。

3歳〜もこの表現を使おう

3、4歳〜のお子さんの場合は、"Are you ready to　　　　?"と聞くことによって、赤ちゃんと同様に「あなたの気持ちを大事に思っている」というメッセージも伝わりますが、それだけではありません。もう少し大きいお子さんに対してこのパターンを使うことで、次に何をしないといけないかについて考えさせ、そうすることでお子さんはそれに向けて準備ができます。このパターンは、子どもをその場面に巻き込み、ただただ親の行動に付き合わせるのではなく、次に何をしないといけないかについて思考を促せます。

ですので、年齢に関係なく、"Are you ready to　　　　?"を1日の中でたくさん使ってみましょう！

chapter 1　何かをお願いしたい時のパターン15

参考動画

039

Let's put on our ⬜. / Please put on your ⬜.

⬜ を着ようね。

 赤ちゃんの例文

 Track 11

❶ Let's put on our pajamas.

パジャマを着ようね。

· ·

❷ Let's put on our helmet.

ヘルメットをかぶろうね。

· ·

 何歳でも◎

❸ Please put on your gloves or your fingers will freeze.

手袋をはめてね。でないと指が冷えるよ。

· ·

❹ Please put on your shoes. It's time to go.

靴を履いてね。もう帰らないといけないから。

· ·

❺ Please put on your raincoat. It's raining outside.

レインコートを着てね。雨が降っているから。

· ·

何歳まででも使えるパターン

子育てをされている方ならもう既にご存じですが、「〇〇を着てちょうだい」というパターンは日頃の子育ての中でよく使います。私には9歳の息子と6歳の娘がいますが、いまだに、このパターンを毎日のように使います。しかも、子どもにも自分のタイミングがあるので"Please put on your ____."を1回言うだけだとなかなか聞いてくれない時も結構あります。そのため、気づけば1日の中で何回もこのパターンを使っています。

 これで語彙力アップ！

"Let's put on our ____."と"Please put on your ____."の空欄に入る洋服の一覧表をご参照ください。どれも子育てによく使う名詞なので必要に応じてぜひ使ってください。

[「着る」と使える子育て名詞]

	日常		雨の日	夏	冬
Let's put on our ____. / Please put on your ____.	clothes 服	tights タイツ	rain boots 雨靴	sandals サンダル	jacket ジャケット
	shoes 靴	glasses メガネ	raincoat レインコート	bathing suit 水着	coat コート
	t-shirt Tシャツ	bathrobe バスローブ		swim trunks (swim shorts) 水着（パンツ）	gloves 手袋
	sweater セーター	uniform ユニフォーム		sunglasses サングラス	mittens ミトン
	slippers スリッパ	smock / apron スモック／エプロン		swimming goggles ゴーグル	beanie ニット帽
	undershirt 肌着	bib スタイ		floaties 浮き輪	boots ブーツ
	underwear 下着	shorts ショートパンツ		cap / hat ぼうし	scarf マフラー

参考動画

10 Can you put the ☐ in the ☐ ?

☐ を ☐ に入れてくれる？

 赤ちゃんの例文

Track 12

❶ <u>Can you put the</u> toys <u>in the</u> basket?
おもちゃをカゴに入れてくれる？

❷ <u>Can you put the</u> books <u>in the</u> bookshelf?
絵本を本棚に入れてくれる？

❸ <u>Can you put the</u> carrots <u>in the</u> bowl?
ニンジンをボウルに入れてくれる？

 何歳でも◎

❹ <u>Can you put the</u> groceries <u>in the</u> refrigerator?
買った食材を冷蔵庫に入れてくれる？（片づけてくれる？）

❺ <u>Can you put the</u> shoes <u>in the</u> closet?
靴をクローゼットに入れてくれる？

アイシャの子育て体験談

0歳からレバイン式子育てを通して子どもを育ててきて、子どもにはできるだけたくさん語りかけるようにしてきました。私がご飯などを作っている時、危なくないぐらいの距離にアレックスとオリビアを座らせ、私が切ったニンジンとボウルを渡してこれを言いました。

> **例文❸** <u>Can you put the</u> carrots <u>in the</u> bowl?
>
> ニンジンをボウルに入れてくれる？

 年齢に関係なく使える！

小さなお子さんにこのパターンを使うことによって、新しい語彙をインプットできるし、やってくれた後に"Oh thank you!"などと褒めて自己肯定感を高められます。

もう少し大きいお子さんに対しては、語彙を増やすという目的よりも、何かをお願いしたい時に使うことが多いです。例えば9歳のアレックスに、例文❹（<u>Can you put the groceries in the refrigerator?</u>）と言ったら、「冷蔵庫」などの単語を教えるために使うのではなく単純に食材を冷蔵庫に入れてほしいから使います。

 "Can you"を省略していい？

32ページのコラムでも紹介したように、命令文を使う時には若干気をつけないといけません。「〇〇をして」というパターンは、お子さんの意見や意思に関係なく、命令をする時に使うので、危ない時以外、命令文の冒頭にはそのニュアンスを軽くするために何かを入れないといけません。

→32ページをチェック！

そのため、正確に言うと次のような文章でも問題はありませんが、コラムにあるように声のトーンを上げて笑顔でお子さんにお願いしましょう。

> **例文❶**
>
> ⋯⋯⋮ <u>Put the</u> toys <u>in the</u> basket.
>
> おもちゃをカゴに入れてね。

> **例文❷**
>
> ⋯⋯⋮ <u>Put the</u> books <u>in the</u> bookshelf.
>
> 絵本を本棚に入れてね。

参考動画

Can Mommy / Daddy have the ⬚ ?/ Can you pass me the ⬚ ?

その⬚をママ、パパに渡してくれる？／その⬚を取ってくれる？

 赤ちゃんの例文

 Track 13

❶ Can Mommy have the diaper?

おむつをママに渡してくれる？（おむつ替えの時）

❷ Can Daddy have the toy?

おもちゃをパパに渡してくれる？

❸ Can Daddy have the rattle?

ガラガラをパパに渡してくれる？

 何歳でも◎

❹ Can you pass me the book?

その本を取ってくれる？

❺ Can you pass me the shampoo?

そのシャンプーを取ってくれる？（お風呂で）

年齢での使い分け

例文では赤ちゃんに対しては"Can Mommy / Daddy have the　　　　?"というパターンを使っていますが、正確に言うと赤ちゃんに対しても"Can you pass me the　　　　?"というパターンは使えます。赤ちゃんと話す時には、もっとシンプルに話した方が、少しずつ理解できるようになるので、"Can Mommy / Daddy have the　　　　?"のようなパターンを使ってもいいです。

 必ず"the"を使う!

76ページのコラムで説明するように、何らかの形で聞き手にとって「親しみのあるモノ・近くにあるモノ」の場合、"the"を使います。なので、「その○○を取ってくれる?」とお子さんに言う時に、"the"を使います。 →76ページをチェック!

→76ページをチェック!

"Can you"を使う意味

今回のパターンは"Can you　　　　?"になっているので、"Pass me the book."(本を取って)のようなフラットな命令文(お子さんの意思を考慮しない命令文)でもなく、"Please pass me the book."(本を取ってください)のような硬さもなくて、ちょうど間をとっています。なので家族の会話(カジュアルな英会話)としては非常に使いやすいです。次の表を参考にご覧ください。

硬い言い方	間	フラットな命令文
Please pass me the book.	Can you pass me the book?	Pass me the book.

ですので、日頃の子育ての中で何かをお願いする時には"Can you　　　　?"を使ってみましょう。

参考
動画

いつまで自分のことを"Mommy"、
"Daddy"と呼べばいいの? (Track 14)

もう既にお気づきかと思いますが、小さなお子さんに対して、英語で親が自分のことを呼ぶ時には「私」ではなく"Mommy"と"Daddy"と呼びます。日本語でも同じことをすると思いますが、その理由は、小さな子どもは代名詞をまだ把握できていないからです。

赤ちゃんからすると「ママ」は1人しかいないけど、「私」という言葉は誰でも使えるので、赤ちゃんと話す時には、"Mommy"、"Daddy"と自分のことを呼びます。

これはいつまで続くの?という質問もあると思いますが、実際、具体的な年齢が設定されておらず、親子の関係によりますので私の体験談から作った目安を記載します。

例えば、「ママは音楽が大好きだから踊っちゃおう!」という文の場合は、私なら、このように年齢で"Mommy"と"I / Me"を使い分けます。

例文Ⓐ　0〜2歳

Mommy likes music, so Mommy's gonna dance.

例文Ⓑ　3〜4歳

Mommy likes music, so I'm gonna dance.

例文Ⓒ　5歳〜

I like music, so I'm gonna dance.

例外もあります

例文Ⓐ～Ⓒはあくまで目安なので、状況によって、そして家族の皆さんの心地よさによって、例外も勿論あっていいです。我が家では、スキンシップをとる時、そして感情的なことが起きる時に、5歳～の子どもに対しても"Mommy"(Iではなく)を使っていました。

例文Ⓓ

Mommy loves story time with you. Mommy's so happy right now.

ママは○○ちゃんとの絵本の時間が大好き。ママって今とても幸せよ。

例文Ⓔ

Oh no, you hurt your finger? Show Mommy.

あらら、指をけがしたの？　ママに見せて。

ネイティブの親は、子どもが6歳ぐらいの時点で、この癖が自然と抜けています。なので6歳から自分のことを指す時に"I"と"Me"にシフトすればいいと思います。

"Mommy"から"I / Me"にシフトする例文

Mommyを使う場合

Do you want to go shopping with Mommy?

Meにシフトする場合

Do you want to go shopping with me?

12 Do we have our [ ]? / Do you have your [ ]?

[ ]を持った？

 赤ちゃんの例文

Track 15

❶ Do we have our diaper bag?
おむつバッグを持った？

❷ Do we have our baby wipes?
おしりふきを持った？

❸ Do we have the keys?
鍵を持った？

 3歳 〜 ◎

❹ Do you have your backpack (homework / textbooks)?
リュック（宿題／教科書）を持った？
（学校に出かける前に聞く）

❺ Do you have your obento?
お弁当を持った？
（学校に出かける前に聞く）

意外とよく使うパターン

「忘れものがないか?」と確認する時(忘れないでね。という命令のニュアンスも含む)に使うパターンなので、子育て英語として非常に便利です。これからどこかに移動する時に、使えるパターンです。

 2つのバリエーション

"Have we got our _____?"と"Have you got your _____?"をバリエーションとして使っても問題ありません。

> 例文❶ **Do we have our** diaper bag?
> ⋯⋯⋮ **Have we got our** diaper bag?

> 例文❹ **Do you have your** backpack?
> ⋯⋯⋮ **Have you got your** backpack?

そして、大きいお子さんの場合、"Got your _____?"や"You got your _____?"だけでもいいです。

> 例文❹ **Do you have your** backpack?
> ⋯⋯⋮ **Got your** backpack? / **You got your** backpack?

 weとyouの使い分け

この違いに注目して頂きたいです。

> 例文❶ **Do we have our** diaper bag?

> 例文❹ **Do you have your** backpack?

赤ちゃんは自分のものを自分でまだ持てない(責任を取れない)ので、「おむつバッグを持ったかな?」と聞く時に、"we"を使うことが多いです。勿論、代わりに親がおむつバッグを持つ前提です。赤ちゃんに対して"we"を使う理由は25ページに書きました。→25ページをチェック!

参考
動画

13

Mommy's gotta ⬜ when she ⬜. /
Daddy's gotta ⬜ when he ⬜. /
You gotta ⬜ when you ⬜.

ママ／パパ／あなたは⬜をする時は⬜をしなくちゃね。

赤ちゃんの例文

Track 16

❶ <u>Mommy's gotta</u> cover her mouth <u>when she</u> sneezes.

ママはくしゃみをする時は、口を覆わなくちゃね。

❷ <u>Daddy's gotta</u> wash his hands <u>when he</u> cooks.

パパはご飯を作る時は、手を洗わなくちゃね。

❸ <u>Mommy's gotta</u> change your diaper <u>when it</u> gets dirty.

おむつが汚れたら、ママはおむつを替えなくちゃね。

3歳〜◎

❹ <u>You gotta</u> cover your mouth <u>when you</u> sneeze.

くしゃみをする時は、口を覆わなくちゃね。

❺ <u>You gotta</u> wash your hands <u>when you</u> come home.

帰ってきたら、手を洗わなくちゃね。

❻ <u>You gotta</u> say "excuse me," <u>when you</u> burp.

げっぷした時は、「失礼します」と言わなくちゃね。

マナーを教える便利なパターン

"You gotta ＿＿＿."の直訳は「○○をしなくちゃ」なので、命令文の中ではかなり強めのニュアンスをもちます。お子さんに選択肢を全く与えないからです。ですので、社会のルールやマナーを教える時には非常に向いているパターンです。その一方、例文❶〜❸は赤ちゃんに命令をしているというよりは、次に書いたように、赤ちゃんに世界のルールを教えています。

 親を見本としてマナーを教えるための英語

何歳からマナーを教えるかには、親御さん自身が育った環境、そして子育ての考えが影響しますが、0歳からできることとしては、親がマナーの見本をお子さんに見せることです。その場合、例文❶や❷を使って頂けます。

> **例文❶** Mommy's gotta cover her mouth when she sneezes.

ママがくしゃみした時にこの例文を使うと、親が「くしゃみをする時に口を覆う」と意識していることを赤ちゃんに見せられます。
逆に親がし忘れた時にもぜひそれを赤ちゃんに話しましょう。例えば

> ⋯⋮ Oops! Mommy's gotta cover her mouth when she
> sneezes. Mommy forgot! I'll do it next time!
>
> おっとっと。ママはくしゃみをすると、口を覆わなくちゃね。でも忘れちゃった。今度、絶対にする!

 正確な英語ではない

"Mommy's gotta ＿＿＿."のパターンは口語で、正しい英語ではないにもかかわらずほとんどのアメリカ人は使っています。バリエーションとして、正しい英語に替えることもできます。

> **例文❶** Mommy's gotta cover her mouth
> when she sneezes.
>
> ⋯⋮ Mommy has to cover her mouth when
> she sneezes.

参考
動画

14 If you ▢▢▢, you'll ▢▢▢.

▢▢▢ をすると ▢▢▢ という結果になる。

赤ちゃんの例文

Track 17

❶ <u>If you</u> drink all of your milk, <u>you'll</u> grow strong.
ミルクを全部飲むと体が強くなる。

❷ <u>If you</u> finish your food, <u>you'll</u> have a happy tummy.
完食すると、お腹が「嬉しい！ 嬉しい！」になる。

何歳でも◎

❸ <u>If you</u> go to bed early, <u>you'll</u> wake up feeling good.
早く寝ると朝すっきり起きられる。

❹ <u>If you</u> clean your room, <u>you'll</u> find your toys faster.
部屋を片づけるともっと早くおもちゃを見つけられる。

❺ <u>If you</u> wear your jacket, <u>you'll</u> stay warm.
ジャケットを着ると暖かいままでいられる。

❻ <u>If you</u> brush your teeth every day, <u>you'll</u> have a healthy smile.
毎日歯磨きすると、健康な笑顔になる。

思考力を高めるパターン

"If you ＿＿＿, you'll ＿＿＿."というパターンを使うことによって、因果関係を子どもに教えることができ、思考力アップにつながります。ですので、子どもにいい習慣を身につけてほしい時に、ネイティブの親はこのパターンを使います。

 "You have to ＿＿＿."とどう違う？

なお、"If you ＿＿＿, you'll ＿＿＿."というパターンより「普通の命令文でいいんじゃない？」と思われる親御さんもいらっしゃると思うので、このパターンと簡単な命令文を比較してみましょう。

例文 ❻

Ⓐ

⋯⋯∴ **If you** brush your teeth every day, **you'll** have a healthy smile.

毎日歯磨きすると、健康な笑顔になる。

Ⓑ

⋯⋯∴ **You have to** brush your teeth every day.

毎日、歯を磨かないと。

Ⓑでは"You have to ＿＿＿."という表現を使っていますが、この表現のニュアンスは「〇〇しないといけない」（従ってほしい）というものです。

Ⓑの英語は確かにⒶより簡単ですが、Ⓑはお子さんにとって学びがゼロで、理由がわからないままで習慣を身につけることになります。理由を理解したうえで、歯磨きの習慣をつけてほしいのならⒶのように言った方がいいのではないでしょうか。

参考動画

Let's scoot you over so ▢. / Scoot ▢.

▢ができるように少し動いてもらおう。／▢に少し動いて。

 赤ちゃんの例文

 Track 18

❶ <u>Let's scoot you over so</u> we can change your diaper.

おむつを替えるから少し動いてもらおう。（おむつ替え台で）

❷ <u>Let's scoot you over so</u> we can make room for your friend.

お友達も一緒に遊べるように、少し動いてもらおう。
（お友達と床などで遊んでいる時）

 何歳でも◎

❸ <u>Scoot</u> back. You're too close to the TV.

TVに近すぎるから少し後ろに動いて。

❹ <u>Scoot</u> over, please. Mommy wants to sit down too.

ママも座りたいからちょっとそっちに動いて。（食卓で）

❺ <u>Scoot</u> over. Daddy's coming!

パパもそっちに行くぞ！　ちょっと動いててね。
（ベッドやソファ、お風呂、キャンプのテントなどで）

"scoot"の意味

"Scoot＿＿＿＿."は座ったまま、あるいは狭い場所で、自分の位置を少し移動させたり調整したりすることを意味する便利なパターンです。おおよそ3つの使い方があります。

- scoot over → 横に動いてほしい時や、隣に自分のスペースを作ってほしい時に使う
- scoot back → 後方へ移動してほしい時に使う
- scoot up → 前進してほしい時に使う

"Scoot＿＿＿＿."をなぜ子育てに使う?

"Scoot＿＿＿＿."はネイティブの親がよく使うパターンです。理由は"Move over."（どいて）の意味に近い一方で、"Scoot over."の言い方の方が優しいイメージがあるから。それだけじゃなく、なんとなく"scoot"の響きがネイティブにとって可愛いので赤ちゃんと子どもによく使います。

赤ちゃんの場合は……

赤ちゃんの場合は、例文❶、❷のようにネイティブの親は"you"を加えた"Let's scoot you over"をよく使います。理由は、赤ちゃんは1人で動けないから。"you"を加えると、例文❶、❷の"Let's scoot you over"のニュアンスは、「少し動いて」ではなく、「パパがあなたを少し動かしてあげるね」の方が近くなります。なので、赤ちゃんを少しでも動かす時に、"Let's scoot you over"を使ってみましょう。

単発の動詞としても使える"scoot"

"scoot＿＿＿＿(over / back / up)"は句動詞ですが、実は"scoot"は単発の動詞として使うこともあります。その動詞の意味は「素早くどこかに行くこと」です。

例 **We have to scoot if we don't want to miss the bus.**
早く行かないとバスに乗り遅れる。

同じ意味として、お子さんに対して"Scoot!"（早く行って!）とか"Scoot! You're gonna be late."（早く行って! 遅れるよ）と言えたりしますが、ちょっと上から目線になるので、多くのネイティブの親御さんと教師は子どもに対して使わないようにしています。

参考動画

様々な意味を持つ
"Here you go."

Track 19

意外と日本人の親御さんの中であまり知られていないと思いますが、"Here you go." という英語のフレーズには、実はいくつかの意味があります。子育てのいろんな場面の中で使える結構便利なフレーズです。

意味1: モノを渡す時　難易度レベル ★☆☆

一番日本で知られている"Here you go."の意味は「はい、どうぞ」ですね。アメリカのスタバやコンビニで何かを渡される時によく言われる表現ですし、家族の中でもモノを渡す時によく使う表現です。モノを渡す時の"Here you go."は、朝から夜まで子育ての中で使えます。

Here you go. Here's 　　　 . (はい、　　　、どうぞ!)

* お子さんにモノを丁寧に渡す時

朝の食卓で	Here you go. Here's your breakfast. 朝ご飯です。はい、どうぞ!	Here you go. Here's your plate. ○○ちゃんのお皿、はい、どうぞ!
出かけている時	Here you go. Here's a tissue. はい、ティッシュ、どうぞ!	Here you go. Here's a snack. はい、おやつ、どうぞ!
ごっこ遊びで	Here you go. Here's your bear. はい、ぬいぐるみ、どうぞ!	Here you go. Here's your toy. はい、おもちゃ、どうぞ!

意味2: 小さいお子さんをどこかに下ろす時　難易度レベル ★★☆

赤ちゃんや幼児をどこかに下ろす時に「よいしょ。下ろしますよ」的な意味で"Here you go."という一言を加えます。使い方は実はとても簡単なので難易度レベル1にしたかったのですが、日本人の親御さんはあまりこの使い方をしていないと聞いたので一応レベル2にしました。

Here you go. (はい、下ろしますよ。) ＊赤ちゃんや幼児をどこかに下ろす時

チャイルドシートに 乗せる時	ベビーウォーカーに 乗せる時	プレイマットに 乗せる時
自転車のチャイルドシート に乗せる時	ハイチェアに 乗せる時	おむつ替え台に 寝かせる時
ベビーベッドに 寝かせる時	バウンシングシートに 寝かせる時	ベビーカーに 乗せる時

意味3：子どもを慰める時 難易度レベル ★★★

赤ちゃんや幼児を寝かしつける時に"Here you go. Here's your ［　　　　］."という パターンをネイティブの親御さんはよく使います。ニュアンスとしては、「よし、よし、ゆっ くりしようね」であり、お子さんを慰めたい時に使います。寝かしつける時だけではなく て、お子さんが怪我した時に「よし、よし、その怪我を治そうね」のような慰めの意味とし ても使えます。このニュアンスの"Here you go."は使いにくいな、ですとか、いつ使え ばいいのか判断できないな、のような疑問を抱えていらっしゃる方は、次の表の場面を 真似して頂くだけで、オリジナルなシチュエーションを考えなくてもOKです！

Here you go. Here's ［　　　　］. (はい、［　　　　］、どうぞ。) ＊お子さんを慰めたい時

寝かしつける時	Here you go. Here's your favorite doll. よし、よし。大好きな人形を 抱っこしてて。	Here you go. Here's your blanket. よし、よし。 毛布をかけちゃうね。
お子さんが 怪我された時	Here you go. Here's a bandage. よし、よし、ばんそうこうを 貼ろうね。	Here you go. Here's a snack to make you feel better. よし、よし。 おやつで元気になろう！
お子さんの 精神状態が 不安定な時	You had a scary dream? Here you go. Here's your favorite bear. 怖い夢を見たんだ？ よし、よし。 好きなぬいぐるみ、どうぞ。	What's wrong? Here you go. Here's a hug to make you feel better. （泣いている時）どうしたの？ よし、よし、ママの抱っこで元気 になろう。（抱っこする）

マザリーズとは？(※)

25ページでは、親御さんが赤ちゃんと話す時に、自然と「マザリーズ」という話し方を使うことについて少しお話ししました。このコラムでは、もう少しマザリーズについてお話ししたいです。

マザリーズとは

プリンストン大学によると、マザリーズとは、母親が子どもと話す時に使う少し大げさに、かつ、リズムっぽく話す話し方です。プリンストン大学の研究で、英語だけでなく、他の言語でも、母親たちは同じように声のトーンを変えて子どもと話していることが判明しました。

マザリーズのメリット

プリンストン大学を始め、多くの名門大学の研究所は、親御さんがお子さんに対してマザリーズで話すメリットについてたくさん発表しています。マザリーズを使うメリットとして挙げられているのは次のような点です。

- 言語学習や幼児の感情を引き付けることに役立つ
- マザリーズで言語の構造を強調することによって、赤ちゃんが音節や文の仕組みを理解できるようになる

マザリーズの特徴

アメリカ人の親として、私も子どもが産まれた日から英語のマザリーズで子どもに対して無意識にずっと話していました。YouTubeのコメント欄で「アイシャが子どもに対して話す時に使う声が好き！」のようなコメントをよく頂きますが、それは、まさしくマザリーズです。

英語におけるマザリーズの特徴としては以下です。

- 赤ちゃんのことを話す時に"you"ではなく"we"を使う（25ページ参照）
- より遅いスピードで話す
- より短い文を使う
- より高い声で話す
- 高い声や低い声を互換的に使う

本書で、何度も「声のトーンを上げて言ってください」のようなアドバイスをしていますが、このアドバイスはまさしくマザリーズにして頂くためです。マザリーズを使って頂けるととたんにネイティブ度があがります！
60ページに同じ文を普通の英語とマザリーズで話した時の違いをもう少し解説するコラムを書いたので、ぜひ読んでください。→60ページをチェック！

あれ？　父親たちは？

様々な研究では、父親たちもマザリーズを使って幼児に話しかけることがわかりましたが、母親の方が積極的に使っているという研究発表も多いです。父親も使用しているので、最近は"motherese"（マザリーズ）という言い方よりも"parentese"（ペアレンツィーズ）という言い方を使っている研究者も多いです。どちらにしても、"motherese"も"parentese"も英語で"infant-directed speech"（対乳児発話）の分野に入ります。

マザリーズは世界中のどんな国でも使われています。なので、英語でお子さんに語りかけている親御さんは、より自然な英語にするのであればマザリーズに慣れていただいた方がいいと思います。

話し方でネイティブ度を 上げよう！

このコラムでは、皆さんがネイティブの親の喋り方を真似できるように、声のトーンやスピードなどをどうすればいいのか、少しアドバイスしたいと思います。

皆さんのネイティブ度をドンと上げられるように、今日からすぐできることは主に3つあります。

声のトーンを上げる　　Track 20

本書で何回も「声のトーンを上げて言いましょう」とアドバイスしているので、次の例文で、声のトーンを上げる時と上げない時に、英語の響きがどう変わるか聞いて頂きたいです。左は普通の英語で話した場合、右は58ページで紹介したマザリーズで話した場合の音声です。

普通の英語	マザリーズ
This is a bunny. これはうさぎです。	This is a bunny. これはうさぎよ。

繰り返す　　Track 21

乳児も幼児も、毎日多くの新しい言葉に触れるので、新しい語彙を覚えてもらうために、何回も繰り返すことが多いです。

普通の英語	マザリーズ
This is an airplane. これは飛行機です。	This is an airplane. Airplane. これは飛行機。飛行機。

赤ちゃんに対して"we"を使う　　Track 22

25ページで話したように、ネイティブの親御さんは赤ちゃんに対して赤ちゃんの話をする時に「あなたは〜」の"you"を使わず、"we"を使います。

普通の英語	マザリーズ
How are you doing today? お元気ですか？	How are we doing today? 今日も元気かな？

また、ご紹介したマザリーズはすべて普通の英語よりスピードが遅いことに気づかれたと思いますが、これもマザリーズの1つの特徴です。

皆さんも声のトーンやスピードなどを真似してみて、今日からでもネイティブ度をアップさせましょう！

新しいことを
教えて
あげたい時の
パターン19

16 This is called a / an ☐.

これ、☐ というよ。

Track 23

① This is called a diaper.

これ、おむつというよ。

② This is called a banana.

これ、バナナというよ。

③ This is called a cat.

これ、猫というよ。

何歳でも◎

④ This is called a taco. It's Mexican food.

これ、タコスというよ。メキシコ料理。

⑤ This is called a typhoon. There's a lot of rain and wind.

これ、台風というよ。雨も風も強いね。
（ニュースを見ながら話す）

何歳でも使える！

新しい単語をお子さんに教えたい時には、この"This is called a / an ＿＿＿＿."というパターンをよく使います。特にこういう場面に使えます。

- 絵本の読み聞かせの時
  例文② **This is called a banana.**（これ、バナナというよ。）

- 外で新しいモノを見かけた時
  例文③ **This is called a cat.**（これ、猫というよ。）

 年齢次第で調整する

小さなお子さんの場合は、どんな単語を教えても新しい学びになりますが、もう少し大きなお子さんが例文②の"This is called a banana."の"banana"のようなシンプルな英単語はもう知っている場合は、例文⑤（This is called a typhoon. There's a lot of rain and wind.）のように、より難しい単語を教えたり、より複雑な概念を教えたりすることをお勧めします。

 お子さんの意見を求める

"This is called a ＿＿＿＿."というパターンを使って新しい単語をお子さんに教えることができますが、このパターンを言った後に、新しく教えたモノについてお子さんの意見を聞くこともできます。その時に次のパターンを使ってみてください。

> **お子さんの意見を引き出す新しいパターン**
> # Who loves ＿＿＿＿? Me!
> ○○が好きな人？　はーい！
>
> **例文②** **This is called a banana.**（これ、バナナというよ。）
>
> ⋯⋯> This is called a banana. Who loves bananas? Me!
> （これ、バナナというよ。バナナが好きな人？　はーい！）

「○○好きな人？　はーい！」という意味ですが、"This is called a banana. Who loves bananas?"と言った後に親が軽くお子さんの手をあげて"Me!"と大きな声でお子さんの代わりに答えます。このパターンはとても簡単ですが、「あなたの意見を聞きたい！」とお子さんに対して言っているようなものなのでぜひこのパターンを使ってください。

参考動画

17　Look! It's ⬜. / Look at the ⬜. It's so ⬜.

見て!　⬜だね。／⬜を見て!　⬜だね。

 赤ちゃんの例文

 Track 24

① <u>Look! It's</u> green.

見て!　緑だね!（木などを指さしながら）

② <u>Look! It's</u> big.

見て!　大きいね!（バスなどを指さしながら）

 何歳でも◎

③ <u>Look at the</u> green onion. <u>It's so</u> long.

長ネギを見て!　長いね!
（スーパーでも使えるし、図鑑や絵本を読みながらでも使える）

④ <u>Look at the</u> pasta. <u>It's so</u> hot.

パスタを見て!　熱いね!
（お店でご飯を渡された時、もしくは家で親がアツアツな状態でご飯を出した時）

⑤ <u>Look at the</u> book. <u>It's so</u> colorful.

本を見て!　色がキレイね!
（本屋さんや家で、明るい色鮮やかな絵本を手に取った時）

バリエーションも使ってみて!

"Look! It's ＿＿＿＿＿."を使いすぎていて、バリエーションを加えたい場合は、こちらも言ってみて頂いて大丈夫です。

Look! It's green. ‥‥▷ Look! It's <u>so</u> green.
Look! It's <u>really</u> green.

 アイシャの子育て体験談

私は子どもが0歳の時に、1日中何を語りかければいいのか、結構悩みました。育休中に抱っこ紐に入れて、とにかく家の中を歩きながらあっちこっちに止まって"Look at the banana. It's smooth."などのように語りかける日々でした。そして形容詞を言った後に、その形容詞はどういう意味を持つか理解してもらうために、アレックスとオリビアの手をとって、触らせました。触らせた後に、もう1回その形容詞を繰り返しました。

Look at the banana. It's smooth. Smooth. Smooth.
バナナを見て! 滑らかね! 滑らか、滑らか。
（赤ちゃんの手を取って「滑らか」とわかるようにバナナを触らせる）

Look at the lemon. It's cold. Cold. Cold.
レモンを見て! 冷たい! 冷たい、冷たい。

 このパターンのもう1つのメリット

"Look! It's ＿＿＿＿＿."というパターンを1日の中で使うと、お子さんの自己肯定感アップにもつながります。親が「大きいね」などとお子さんに言うと親の意見をお子さんに伝えることになります。意見を持つ重要性をお子さんに見せると、子どもは自分の考えや感情が重要であることを学び、それが自己肯定感を高めます。
とにかく、この表現はとても便利なので1日の中のいろんな場面で使ってみましょう!

参考
動画

18 Look at the ⬜! Look at it go!

わー！ ⬜を見て！ 動いている！ 動いている！

 赤ちゃんの例文

 Track 25

❶ Look at the train! Look at it go!

わー！ 電車を見て！ 動いている！ 動いている！
（家にあるおもちゃの電車、もしくはリアルな電車を見た時）

❷ Look at the bird! Look at it go!

わー！ 鳥を見て！ 動いている！ 動いている！
（外で鳥を見た時）

❸ Look at the ball! Look at it go!

わー！ ボールを見て！ 動いている！ 動いている！
（公園などでボールを見た時やテレビでサッカーを見た時）

 何歳でも◎

❹ Look at the train! Look at how fast it's going!

わー！ 電車を見て！ すごい速さで動いているね！

❺ Look at the bird! Look at how fast it's flying!

わー！ 鳥を見て！ すごい速さで飛んでいるね！

1日中使えるパターン

何歳でも、この世界の美しさと魅力についてたくさん話して、お子さんが好奇心を持つようになってほしいですね。ネイティブの親はそんな気持ちでこのパターンを朝から夜までずっと使います。

このパターンを使うタイミングとしては、何か（誰か）が驚きのスピードで動いている時、もしくは、ふだん動くはずのないモノ（おもちゃなど）が動く時です。驚きのスピードというのは、時速何kmという意味ではなく、見ている人がそのスピードに驚いたらそれで十分です。

 "Look! It's _____."とどう違う？

64ページで"Look at the _____."を紹介したため多くの方が、"Look at the _____! Look at it go."との違いが気になっていると思います。この違いを理解するには、"Look at the _____."の後に来る英語も含めて、全体的なパターンとして考える必要があります。

> 例文❹
> （64ページ）
> **Look at the pasta. It's so hot.**
> パスタを見て！ 熱いね！

> 例文❸
> **Look at the ball! Look at it go!**
> わー！ ボールを見て！ 動いている！ 動いている！

両方とも"Look at the _____."というパターンを使っています。「〇〇を見てね」という意味です。例文❹の場合は「見ているものについての親の感想」を言っており、例文❸は「スピードのみについての感想」を言っています。後者の方が観点をしぼって言うことができます。前者の場合はいろんな形容詞を使って言えるというメリットがあります。

Look at the pasta. It's so hot. パスタを見て！ 熱いね！	**Look at the ball! Look at it go!** わー！ ボールを見て！ 動いている！ 動いている！
パスタの状態に関する観察	ボールのスピードに関する観察

参考
動画

（右端縦書き） chapter 2 新しいことを教えてあげたい時のパターン 19

Can you say ☐? ☐. / Look! This is called ☐.

これは☐よ。言えるかな。☐。／見て！ これは☐というよ。

 赤ちゃんの例文

Track 26

❶ **Can you say** rattle? Rattle.

これはガラガラよ。言えるかな。ガラガラ。

❷ **Can you say** diaper? Diaper.

これはおむつよ。言えるかな。おむつ。

❸ **Can you say** book? Book.

これは絵本よ。言えるかな。絵本。

 何歳でも◎

❹ **Look! This is called** cooking. Daddy's cooking.

見て！ これは「料理を作る」というよ。パパは料理を作っているよ。

❺ **Look! This is called** talking. Mommy is talking to Daddy.

見て！ これは「話をする」というよ。ママとパパはお話をしているよ。

＊このパターンを英語で正確に書くと"Can you say, 'rattle'?"となりますが、簡潔に書くために、例文ではコンマと引用符を省略させて頂きました。

1日100回使えるパターン！

このパターンは、アメリカ人ママにとって、神様ですね（笑）。YouTubeを観てくださっている方はご存じだと思いますが、私は0歳からこのパターンをずっと使っていました。

このパターンは、文法的にも難しくないですし、短いのでおうち英語初心者にとって使いやすいと思います。ただ、覚える時にできれば、私の音声のトーンをまず真似して頂きたいです。

例文**❶** **Can you say rattle? Rattle.**

特に気にして頂きたいのは"rattle"を言う時に、笑顔で、少し声のトーンを上げながら言うことによって「お勉強感」がなくなり、「親子の会話」として赤ちゃんが感じてくれるようになります。
そして、2つ目の"Rattle."の後に、数秒置いて赤ちゃんに反応する時間を与えましょう。これはハーバード大学の子ども発達センター（Center on the Developing Child）でも使用されている語りかけ法です。詳細は140ページのコラムをご覧ください。

 バリエーション

次のようなバリエーションもあります。意味は同じですが、次のパターンの方が「わー！ すごい！」というニュアンスがあります。

例 **Can you say hand? Hand.**

これは手よ。言えるかな。手。

⋯⋯**Look! Hand! Hand! Mommy's hand! Mommy's hand!**

見て！ 手。手。ママの手ね。ママの手。

年齢で若干調整しよう

4歳ぐらいからは"Can you say ⬚⬚⬚?"というよりも、より複雑なことを教えるために、例文**❹**、**❺**のように"This is called ⬚⬚⬚."に替えてもいいです。

参考
動画

20 Where is / are the [____]?

[____]はどこだ?

赤ちゃんの例文

Track 27

❶ Where is the train?

電車はどこだ?

(図鑑で電車を探す時や、電車のおもちゃで遊ぶ時でも使える)

❷ Where is the diaper?

おむつはどこだ?

(おむつ替えでおむつがどこにあるかわからない時)

何歳でも◎

❸ Where are the trees?

木たちはどこだ?

❹ Where are the swings?

ブランコはどこだ?

新しい単語を教える時に使える

「○○はどこだ？」と小さなお子さんに質問することによって、新しい単語をたくさん教えることもできますし、少しずつお子さんが答えられるようになったら、褒めるいい機会にもなります。例えば、2歳のお子さんの場合は

> 親：**Where is the train?**（電車はどこだ？）
>
> 子ども：電車の方を指さしたりする
>
> 親：**Yes, that's the train! You found it!**
> （そうだよ！　それが電車ね！　よく見つけたね！）

もし正しいものを指さなかった時には、笑顔で正しいものを教えてあげればいいです。
例えば

> 親：**Where is the train?**（電車はどこだ？）
>
> 子ども：ぬいぐるみを指さしたりする
>
> 親：**This is a bear. Bear. This is a train. Train.**
> こっちはくまさんね。くまさん。こっちが電車。電車。

 このパターンで英語の語彙を増やそう

"Where is the ▢▢▢?"と"Where are the ▢▢▢?"というパターンの空欄に入れられる英単語はたくさんあります。その英単語を差し替えるだけで、このパターンは1日中使うことができます。とても便利なパターンです。109〜110ページに様々なシチュエーションに使える英単語のリストを作ったのでそれらを使って、お子さんに多くの英単語をインプットしてください。→109〜110ページをチェック！

参考
動画

21 Let's go find ⬚.

⬚ はどこかな？　探しに行こう。

Track 28

❶ Let's go find Mommy.
ママはどこかな？　探しに行こう。

❷ Let's go find your bottle.
哺乳瓶はどこかな？　探しに行こう。

何歳でも◎

❸ Let's go find your shoes.
あなたの靴はどこかな？　探しに行こう。

❹ Let's go find the carrots.
ニンジンはどこかな？　探しに行こう。（スーパーマーケットなどで）

❺ Let's go find the ticket machine.
券売機はどこかな？　探しに行こう。（駅で）

親 の 積 極 性 を 示 す パ タ ー ン

"Let's go find____."は1日中使える非常に便利なおうち英語のパターンです。「一緒に探そう！」というニュアンスがあるので、お子さんを親の行動に巻き込んでいる様子が伝わり、お子さんが一緒に探しに行ってくれたりします。

なお、"Let's go find____."は"Where is / are the____?"と似ていますが、"Where is / are the____?"は、ものを無くした時などに使うとただただ「どこにあるか」を聞いていますが、"Let's go find____."の方が「どこにあるかな？　一緒に探そう！」という意味になるので、より積極的なニュアンスを含む表現になります。

 省 略 し て も い い

参考動画のように"Let's"を省略して"Go find____."だけでもいいです。

> 例文❸　**Let's go find your shoes.**
>
> ⋯⋯▷ **Go find your shoes.**

ただ、このように略する場合は、かなり直接的な命令になるので、使う時に声のトーンを上げて優しく言ってください。命令文については、32ページのコラムにも詳細に書いたので必要な場合、お読みください。

 多 く の 名 詞 が 使 え る

次の通り、"Let's go find____."の空欄に入れられる名詞はたくさんあります。どれも「〇〇はどこかな？　探しに行こう」という意味を持ちます。

109〜110ページの表に記載されている名詞を空欄に入れられます。空欄の前に入る言葉を変えて、バリエーションを作ることもできます。例えば「誰のものを探しに行くか」を加えることもできます。

参考
動画

22 What is that? It's a / an ☐.

あれは何だ？ ☐ だね。

 赤ちゃんの例文

Track 29

❶ What is that? It's a train.
あれは何だ？　電車だね。

❷ What is that? It's an elephant.
あれは何だ？　ゾウさんだね。

❸ What is that? It's an airplane.
あれは何だ？　飛行機だね。

 何歳でも◎

❹ What is that? It's an event.
あれは何だ？　イベントだね。

❺ What is that? It's a movie theater.
あれは何だ？　映画館だね。

ネイティブのママからのアドバイス

これはネイティブの親がよく使うパターンです。子どもとの1日の中でとにかく、新しい何かが出てきたら使えるパターンです。

お子さんが少し大きくなったら、一般的な名詞はもう既にたくさん知っているでしょう。ですので、例文❶ What is that? It's a train.は「電車」を知っていたら使えませんが、このパターンは珍しいものを見た時に使うことができます。

 語彙力アップのヒント

"What is that? It's a / an   ."と言った後に、示しているモノについて親御さんの感想をひとつ付け加えたり、もしくはそのモノに対してのお子さんの意見を尋ねたりするとお子さんのさらなる語彙力アップにつながります。

親御さんの感想

65ページでも紹介したように、"It's so [   ]."や"It's really [   ]."を付け加えます。

例文❶ What is that? It's a train. <u>It's so</u> fast!
　　あれは何だ？　電車だね。　とても速いね！

例文❷ What is that? It's an elephant. <u>It's really</u> big!
　　あれは何だ？　ゾウだね。　とても大きいね！

"It's so [   ]."と"It's really [   ]."の空欄に入れられる形容詞は228ページ以降にたくさん書きました。毎日違うものを使ってみて、おうち英語語りかけを頑張ってください。

お子さんの意見

"What is that? It's a / an [   ]."の後に、125ページの"Do you like [   ]?"というパターンを加えるとお子さんの意見も聞くことができますし、英語のちょっとした練習にもなります。

例文❸ What is that? It's an airplane. <u>Do you like</u> airplanes?
　　あれは何だ？　飛行機だね！　飛行機が好き？

＊2つ目の"airplane"にsを付けます。飛行機は一般的に好きかどうかを聞いているからです。「今、見ている飛行機が好き？」と聞きたい場合は、"Do you like that airplane?"と聞きましょう。

参考動画

英語の冠詞の使い分けは
これで覚えておこう!

aとanとtheをどう使い分けるかについて聞くと汗が出る方が多いと思いますが、簡単なルールさえ覚えておけば、問題なくほぼ使い分けることができると思います。

"a"と"an"を使う時

❶ その当日など、今までの会話に出たことのないモノ

What is that? It's a pool.（あれは何だ?　プールだね。）

「プール」というモノをお子さんが知っていても「今日はプールに行く」などのような話をしていなかった場合（急に現れた場合）、"What is that? It's a pool."と言います。

❷ お子さんがそのモノを知っていても、
**　 日頃、見ないモノなら"a"と"an"を使います。**

Look! It's an elephant.（見て!　ゾウさんだね。）

ゾウさんはわかる単語だけど毎日見ないモノなので、こういう時"a"と"an"を使います。

"the"を使う時

❶ 今までの会話に出たことのあるモノ

What is that? It's the pool.

その朝などに「プールに行こう」という話をしたので、「例のプール」とか「今朝話していたプール」というニュアンスで"the"を使います（急に現れなかったから）。

❷ 話している人と聞いている人にとって親しみのあるモノ

We're riding the bike to school today.（今日は学校に自転車で行く。）

「我々のモノ」というニュアンスがあるから"the"を使います。

❸ 近くにあるモノや、特定のモノ（その距離から親しみが出るから）

Can you pass me the toy?（おもちゃを取ってくれる?）

おもちゃが聞き手の近くにあるので"the"を使います。

"a"と"an"の使い分け

一部例外もありますが基本的に、"a"は、空欄に入る名詞が子音から始まる時に使います。"an"は空欄に入る名詞が母音から始まる時に使います。

What is that? It's a horse.（"horse"はhから始まるので"a"を使います）

What is that? It's an elephant.（"elephant"はeから始まるので"an"を使います）

これまで話に出たことのないモノ		これまで話に出たことのあるモノ
お子さんがそのモノを知っていても、日頃、見ないモノ（親しみがないモノ）		気持ち／距離における親しみのあるモノ
a	an	the
What is that? It's a horse. あれは何だ？ 馬だね。	What is that? It's an elephant. あれは何だ？ ゾウさんだね。	What is that? It's the store. あれは何だ？ お店だね。
前提		前提
お子さんが馬やゾウさんというモノ自体は知っていても、日頃見ない。親しみもない。		お子さんがお店自体はもう知っている（何回も行ったことがある／よく行く）。

赤ちゃんの例文

Track 30

❶ This is a ball. It's round.

これはボールよ。丸いね。

. . . .

❷ This is a blanket. It's cozy.

これは毛布よ。心地いいね。

. . . .

❸ This is a flower. It's pretty.

これはお花よ。きれいだね。

. . . .

 3歳〜◎

❹ This is a dictionary. It's for learning new words.

これは辞書よ。新しい言葉を覚えるためのものね。

. . . .

❺ This is a telescope. It's for looking at the stars.

これは望遠鏡よ。星を見るためのものね。

. . . .

新しい英単語を教える時に使う

このパターンは新しい単語を教える時によく使います。赤ちゃんに対して使う時、この2点をご考慮ください。

❶ 目の前にあるものについて話すこと

❷ 形容詞を言った後に、ジェスチャーなどで補足すること

例えば、例文❷（This is a blanket. It's cozy.）は、毛布を親の顔に優しく当てながら言うとより"cozy"の意味を理解してくれるようになります。

もう少し大きいお子さんの場合、新しい単語やモノを教えるだけじゃなくて、そのモノは「何のために存在するか？」ということも教えられる年齢なので"It's　　　　（形容詞）."だけでなく"It's for　　　　."（○○のためのもの）に変更してもいいです。

 ネイティブならではのニュアンスの違い

参考動画では、私はアレックスに対してこう言いました。

This is American bacon. American bacon is crunchy.
（これはアメリカのベーコン。アメリカのベーコンはカリカリだよ。）

例文❶～❸に合わせて"It's crunchy."とも言えましたが、あえて"American bacon is crunchy."と言ったのは、「一般的にアメリカのベーコンは（日本のベーコンと違って）カリカリ」だと息子に教えたかったからです。ネイティブスピーカーしか気づかない微妙なニュアンスですが、もし皆さんもおうちでこのようにお子さんに新しい英単語を教えたかったら、次のように言ってみてください。ただし、**例文のままでも問題はないので**、苦手な方は無視して頂いても大丈夫です。

例文❶、❸なら次のようになります。

⋯⋯▷ This is a ball. Balls are round.
（これはボールよ。ボールは丸いね（すべてのボールの話）。）

⋯⋯▷ This is a flower. Flowers are pretty.
（これはお花よ。お花はきれいだね（すべてのお花の話）。）

参考動画

24 Where are we going? ___ing! / Guess where we're going? ___ing!

どこに行くと思う？　___しに行くよ！

 赤ちゃんの例文

Track 31

❶ Where are we going? Shopping!

どこに行くと思う？　買い物しに行くよ！

（ショッピングモール／スーパーマーケットに行く前に言う）

❷ Where are we going? Exploring!

どこに行くと思う？　冒険をしに行くよ！

（ちょっと楽しい散歩に行く前に言う）

❸ Where are we going? Dancing!

どこに行くと思う？　踊りに行くよ！

（リトミックのレッスンなどに行く前に言う）

 何歳でも◎

❹ Guess where we're going! Rock climbing!

どこに行くと思う？　ボルダリングに行くよ！

❺ Guess where we're going! Bungee jumping!

どこに行くと思う？　バンジージャンプに行くよ！

アメリカの文化

海外ドラマをよく観る方はもうご存じのように、アメリカ人は結構、相手をサプライズで驚かせるのが好きです。勿論、全員ではないですが、国民性としてそういう特徴があると言えると思います。

日頃ちょっとしたサプライズをすることもよくあります。その時"Guess what!"というフレーズを使います。"Guess what!"は和訳しにくい表現ですが、意味としては「ねぇ、ねぇ、ちょっと聞いて！　きっと驚くよ」が近いと思います。"Guess what!"と言われたら"What?"と応えるのが基本です。

ですので例文❹、❺のように、冒頭を"Guess where　　　　!"に替えることにより、「今からどこに行くと思う？」のような意味になり、相手に楽しそうなサプライズができるようになります。

 使えない動詞もあるので要注意！

このパターンに入れられるのは、旅のような活動（そして動きのある活動）を示す動詞です。日常生活の中で、"dancing"（リトミック）や"exploring"（お散歩）の時に使えます。「食べる」や「飲む」、「お風呂に入る」などのような動詞は、より静止した日常的な活動で、動きや冒険の感覚はないので、このパターンには使えません。日常生活の中でのちょっとした楽しい（動きのある）場面にしか使えないパターンです。

> ✗ **Where are we going? Eating!**　（どこに行くと思う？　食べに行くよ！）
> ○ **Where are we going? Exploring!**　（どこに行くと思う？　冒険をしに行くよ！）
> ✗ **Where are we going? Jumping!**　（どこに行くと思う？　ジャンプしに行くよ！）
> ○ **Where are we going? Dancing!**　（どこに行くと思う？　踊りに行くよ！）

参考
動画

25 What's inside [　　] ? Let's see!

[　　] の中に何が入っているかな？　見てみよう！

 赤ちゃんの例文

❶ What's inside your diaper bag? Let's see!

おむつバッグの中に何が入っているかな？　見てみよう！
（出かけている時に、おむつバッグを見ながら赤ちゃんに聞く）

❷ What's inside the bathtub? Let's see!

バスタブの中に何が入っているかな？　見てみよう！（バスタブ
に入れる前、赤ちゃんを抱っこしながらチラッと見て赤ちゃんに聞く）

 何歳でも◎

❸ What's inside the box? Let's see!

箱の中に何が入っているかな？　見てみよう！（配達が届いて親子で一
緒に開ける時、新しいおもちゃを一緒に箱から出す時、プレゼントを一緒に開ける時）

❹ What's inside the lunch box? Let's see!

お弁当の中に何が入っているかな？　見てみよう！（お弁当箱を開ける時）

❺ What's inside your kindergarten bag? Let's see!

幼稚園バッグの中に何が入っているかな？　見てみよう！
（幼稚園から帰宅した時）

1単語加えれば、更に便利になる!

"What's inside ⬜⬜⬜⬜? Let's see!"を毎日、同じものに使っている場合、たまにバリエーションとして、"today"という単語を加えてみてもいいでしょう。
例文❶、❹なら次のようになります。

> ⋯⟩**What's inside** your diaper bag **today? Let's see!**
> さて、今日はおむつバッグの中に何が入っているかな?　見てみよう!

> ⋯⟩**What's inside** the lunch box **today? Let's see!**
> さて、今日はお弁当の中に何が入っているかな?　見てみよう!

毎日、中身が若干違うものであれば、"today"を加えることによって、「さて、今日は何が入っているかな?」というニュアンスになります。

長年使える便利なパターン

84ページで説明しているように、0〜2歳のお子さんの場合は、このパターンをちょっとしたアクティビティとしても使えます。 →84ページをチェック!

小さなお子さんに対してこのパターンを使う時は、声のトーンを上げて、「わー!　ママ／パパも楽しみ!　早く知りたい!」のようなテンションで言えばいいのですが、お子さんが大きくなったら、普通のテンションで言ってください。

参考
動画

"What's inside ☐?" で楽しい
アクティビティをしてみよう

Track 33

前のページで"What's inside ☐? Let's see!"というパターンについてお話ししましたが、育休中に私もこのようなパターンをずっと使っていました。

1日中朝から夜までオリビア（当時0歳）と一緒に家で過ごしていました。大好きな娘なので、あの時期は本当に宝物のように思いますが、毎日同じルーティンだったので、「今日は何をしようかな？」と毎日必死に考えていました。特にすることのない日に、オリビアを抱っこ紐に入れて、家中を歩き回って"Look! A ☐. What's inside? Let's see!"を繰り返していました。例えば

● 引き出しの前で立ち止まる

Look! A drawer. What's inside? Let's see! Mommy's socks.
Mommy's underwear.

見て！　引き出しだ！　何が入っているかな？　見てみよう。あら！　ママの靴下だ！
ママの下着だ！

● 冷蔵庫の前で立ち止まる

Look! A refrigerator. What's inside? Let's see! Natto.
Mayonnaise.

見て！　冷蔵庫だ！　何が入っているかな？　見てみよう。納豆。マヨネーズ。

● 車のトランクの前で立ち止まる

Look! A trunk. What's inside? Let's see! Bags. A soccer
ball.

見て！　トランクだ！　何が入っているかな？　見てみよう。袋。サッカーボール。

これは「アクティビティ」というほどではないかもしれませんが、こういう語りかけをすることによって、お子さんに新しい単語のインプットができるようになります。親が紹介したモノを赤ちゃんの目の近くに近づけて、ゆっくりと1つひとつの単語を言います。

❹冷蔵庫の前で立ち止まる

Look! A refrigerator. What's inside? Let's see!
見て！　冷蔵庫だ！　何が入っているかな？　見てみよう。

Natto. Natto.
納豆。納豆。（納豆を赤ちゃんによく見せる）

Mayonnaise. Mayonnaise.
マヨネーズ。マヨネーズ。（マヨネーズを赤ちゃんによく見せる）

そのモノを1つひとつゆっくり見せながら、声のトーンも少し上げて、スピードを落としました。そして、オリビアも「触らせて！」といわんばかりに手を伸ばして、私は「マヨネーズ」と言いながら2人で楽しくマヨネーズの瓶を触っていました。

育休中の生活はマンネリ化しがちでしたが、このアクティビティによって、毎日充実した時間を過ごすことができました。
このアクティビティは、0〜2歳のお子さんと楽しくできると思います。ぜひおうちでやってみてください。

26 (Today) We're going to ▢.

（今日は）▢に行くよ。

赤ちゃんの例文

Track 34

❶ We're going to the park.
公園に行くよ。

❷ We're going to the grocery store.
スーパーマーケットに行くよ。

❸ We're going to Grandma's house.
ばぁばの家に行くよ。

何歳でも◎

❹ Today we're going to the zoo.
今日は動物園に行くよ。

❺ Today we're going to the mall.
今日はショッピングモールに行くよ。

意外と自己肯定感アップにつながるパターン

この"We're going to _____."は、お子さんの自己肯定感の基礎作りにつながるパターンです。なぜかというと、このパターンで親はお子さんをどこかに連れていく時に、目を見てちゃんとどこに行くかを説明します。それによって、お子さんを尊重している姿勢を示すことができるからです。なので、親子でどこかに行く時にこの10秒もかからないパターンを使い、お子さんの自己肯定感アップに努めましょう！

 大きいお子さんの場合のコツ

大きいお子さんに対してこのパターンを使う時には例文❹、❺のように"today"を加えてより抽象的な意味で使ってもいいです。というのも、

例文❸ **We're going to Grandma's house.**
ばぁばの家に行くよ。

こちらの例文は、大きいお子さんに対して使うと、「ばぁばの家に行くのはもうわかっているよ！」と思う可能性が高い（親の話をもう理解できるから）のです。なので言い方を少し変えてみて"Today"「今日は」を冒頭に入れることで「今日」という新しい情報を伝えていると示すことができます。

 更に英語をインプットしよう！

"We're going to _____."と言った後に、お子さんがそこに行くことが好きかどうかを聞くことによってその場所の名前の英単語が繰り返され、お子さんが単語を覚えやすくなります。聞き方は2つのパターンがあります。

聞き方1
Do you like going to the _____?（〜に行くことが好き？）

例文❶ **We're going to the park.**（公園に行くよ。）

⋯⋯► We're going to the park. Do you like going to the park?
（公園に行くよ。　公園に行くことが好き？）

聞き方2
Do you like the _____?（〜が好き？）

例文❶ **We're going to the park.**（公園に行くよ。）

⋯⋯► We're going to the park. Do you like the park?
（公園に行くよ。　公園が好き？）

どちらも同じような意味なので、好きな方を使っていただくか、親子の英語の練習のために互換的に使用してみてください。

参考
動画

chapter 2 新しいことを教えてあげたい時のパターン19

27 We're heading to the [_____].

[_____] に向かっているよ。

 赤ちゃんの例文

 Track 35

1 <u>We're heading to the</u> park.
公園に向かっているよ。

2 <u>We're heading to the</u> library.
図書館に向かっているよ。

3 <u>We're heading to the</u> play area.
キッズエリアに向かっているよ。（お店などに着いてから使う）

 何歳でも◎

4 <u>We're heading to the</u> bookstore.
本屋さんに向かっているよ。

5 <u>We're heading to the</u> children's book section.
絵本のコーナーに向かっているよ。

進行中の時だけに使う

"heading"は"ing"で終わるので、「今○○に向かっている」という意味です。そのためもう既に出発して動いている最中に使うイメージです。例えば

例文❷ **We're heading to the library.**

こちらは、自転車（または歩き）で図書館に向かっている時に使います。

 更に語彙力アップしたい場合

もう少し多くの言葉を語りかけたい場合は、今向かっている場所に対して親がどう思うかについても話すか、お子さんはそのところについてどう思うかなどを聞いてもいいでしょう。例えば例文❶、❷なら

┈┈┊ **We're heading to the park. Do you like the park?**
　　公園に向かっているよ。公園は好き？

┈┈┊ **We're heading to the library. Mommy loves the library.**
　　図書館に向かっているよ。ママは図書館が大好き。

 専門家もこういうパターンを推薦している！

赤ちゃんに対してこのパターンを使う1つの目的は、セルフ・トークです。92ページのコラムで説明しているようにセルフ・トークは親の行動をそのまま赤ちゃんに話すことです。このセルフ・トークは赤ちゃんに対して使う方法の1つだと専門家は主張しています。"We're heading to the _____."は今の行動を正しく説明するパターンなので、今度、親子でどこかに出かけている時に使ってみてください。→92ページをチェック！

28 Daddy is ▢ing. / Mommy is ▢ing.

パパは ▢ をしている。／ママは ▢ をしている。

 赤ちゃんの例文

Track 36

❶ Daddy is making breakfast.
パパは朝ご飯を作っているよ。

❷ Mommy is peeling a mikan.
ママはみかんの皮を剥いているよ。

❸ Daddy is changing your diaper.
パパはおむつを替えている。

❹ Mommy is washing your hair.
ママは○○ちゃんの髪を洗っている。（お風呂などで）

 3歳〜◎

❺ Daddy is making breakfast, so can you please set the table?
パパは朝ご飯を作っているから、食卓のセッティングをお願いできるかな？

❻ Mommy is folding the laundry, so can you get your own juice?
ママは洗濯物を畳んでいるから、ジュースは自分で取ってくれるかな？

想像外の効果がある！

92ページのコラムで説明していますが「今、親は何をしているか」を語りかけることによって、語彙力の増加とコミュニケーション能力アップにつながると言われています。ですので、1日の中で、親の行動をお子さんに話すことが大事です。 →92ページをチェック！
このパターンをたくさん使ってみましょう。

 年齢での使い分けのポイント

前述の通り、赤ちゃんに対してこのパターンは語彙力とコミュニケーション力を高めるために使います。しかし、もう少し大きなお子さんは、もはや親の行動を1つひとつ説明しなくてもわかるので、親の行動を理由にして話しましょう。例えば

> 例文❺ <u>Daddy is making</u> breakfast, so can you please set the table?

もし6歳のお子さんに対して、"<u>Daddy is making breakfast.</u>" だけを使うと「ええ？　なんでそれをわざわざ報告するの？」と不思議に思われます。ですので、最後に"...so can you please set the table?"（だから食卓のセッティングをお願いできる？）のように付け加えます。

参考
動画

意外と簡単！　0歳からコミュニケーション力を育てる方法

アメリカのスピーチ専門家はSpeech and Learning Science（言語学習）の分野の中で、赤ちゃんに対して語りかける時に3つの主要な言語モデルを使っています。（※）

❶ レスポンシブ・ラベリング・トーク
❷ セルフ・トーク
❸ パラレル・トーク

毎日、赤ちゃんに対してこの3つの方法で話しかけると、赤ちゃんは言葉を習得できるだけでなく、コミュニケーションの仕方の基礎も学べるようになります。

赤ちゃん向けにとてもシンプルな英語を使って、この3つを毎日おうちで実践できます。親御さんが難しい英語を知らなくてもできるので、おうち英語を実践されている方にはぜひご紹介したいと思います。

レスポンシブ・ラベリング・トーク（応答的名づけトーク）

「レスポンシブ・ラーベリング」の直訳は「応答的名づけ」となりますが、意味はとても簡単です。子どもが遊んでいるものに親が反応し、そのものの名前を赤ちゃんに教えることです。例えば、赤ちゃんが電車で遊んでいる時に"That's a train."（それ、電車よね）と言います。このように"That's a _____."というパターンで実践でき、1日中使えます！

That's a doll.　（それは人形ね。）　←人形で遊んでいる時

That's a dinosaur.　（それは恐竜ね。）　←恐竜のおもちゃを取ろうとしている時

セルフ・トーク（親行動解説トーク）

セルフ・トークは、親の行動を赤ちゃんに話すことです。こちらは、90ページなどのパターンを使えます。例えば、

<u>Mommy is</u> washi<u>ng</u> the dishes. （ママはお皿を洗っている。）

<u>Daddy is</u> fold<u>ing</u> the laundry. （パパは洗濯物を畳んでいる。）

パラレル・トーク（子ども行動解説トーク）

パラレル・トークは、親がお子さんの行動を解説する語りかけです。例えば、

Alex is washing the dishes. （アレックスはお皿を洗っている。）
＊キッチンごっこなどで

Olivia is building a house. （オリビアは家を建てている。）
＊レゴなどで遊んでいる時

ここだけ気をつけよう

ぜひ、それぞれを1日の中で使ってほしいのですが、使う上でいくつか注意点があります。

❶赤ちゃんの目線に注目
赤ちゃんが違うところを見ていたら、別のところに興味が向いてしまっているので、語彙のインプットにはつながりません。その時には無理に話さなくてもいいです。

❷目に見えるものを使う
赤ちゃんの目の前でママがお皿を洗っている時に"Mommy is washing the dishes."と言うのがベストです。そうすると"dishes"や"mommy"の語彙のインプットにつながります。

29 Look, she's / he's ▢▢▢ing!

ほらほら、見て！　彼女／彼は ▢▢▢ をしているね！

 何歳でも◎

❶ Look, she's running!

ほらほら、見て！　彼女は走っているね！

❷ Look, she's jumping!

ほらほら、見て！　彼女はジャンプしているね！

❸ Look, he's dancing!

ほらほら、見て！　彼は踊っているね！

❹ Look, he's eating!

ほらほら、見て！　彼は食べているね！

❺ Look, he's laughing!

ほらほら、見て！　彼は笑っているね！

いろんな場面で使える

このパターンは、ネイティブの親は、朝から夜まで使いますね。観察力を伸ばすと無意識に感じているからです。例えば、公園で、楽しそうに走っている子どもを見かけたら例文❶ Look, she's running! と言えます。

それだけではなく、お子さんがテレビを観ている時や、絵本の読み聞かせの時に使えるパターンです。登場人物が何をしているかをお子さんに見せ、好奇心を高めるために使います。

 素敵な親子関係につながる

日本では、読み聞かせの時間や映画を観る時間にはあまり親子で話をしないようですが、この時間は、子どもにとって、世界についてのインプット（知識）をたくさんもらえるいい機会です。その理由は、映画や絵本の中で起きていることは、お子さんの日頃の生活の中で起きていることと違うから。その違いからたくさんの親子の会話ができます。ですので、絵本を読みながら、また、映画を観ながら、主人公たちが何をしているかをぜひ話し合ってみてください。

 私達のYouTubeを観ながらでも使えるパターン

多くの親御さんから、私達のYouTubeチャンネルを親子で観ていると言われます。私達のチャンネルを観ながらでも、ぜひお子さんに語りかけてみてください。

Track 38

例 **Look, Olivia's dancing!** （ほらほら、見て！　オリビアは踊っているね！）

例 **Look, Alex is reading!** （ほらほら、見て！　アレックスは本を読んでいるね！）

＊なお、2歳まで子どもに一切テレビを含める電子デバイスを見せないことをWHO（世界保健機関）は推薦しているので、視聴についてはご家庭でご判断ください。（※）

参考動画

30 What do we have here? It's a / an ⬜.

あらら、ここに何があるでしょうか？ ⬜ だね。

 赤ちゃんの例文

❶ What do we have here? It's a diaper.

あらら、ここに何があるでしょうか？　おむつだね。

❷ What do we have here? It's a bib.

あらら、ここに何があるでしょうか？　スタイだね。

 何歳でも◎

❸ What do we have here? It's an onigiri.

あらら、ここに何があるでしょうか？　おにぎりだね。

❹ What do we have here? It's a bowl of ice cream.

あらら、ここに何があるでしょうか？　アイスだね。

❺ What do we have here? It's a little present.

あらら、ここに何があるでしょうか？　ちょっとしたプレゼントだね。

「いないいないばあ」に似ている

こちらのパターンのニュアンスは「ここに何が入っているかな？　一緒に当ててみよう」なので、「モノで遊ぶいないいないばあ」をイメージして頂ければと思います。サプライズの要素があるので、

- 通販の荷物が届いた時に「箱の中に何が入っているかな？」
- 洗濯物を畳んでいる時に「カゴの中に何が入っているかな？」

……のように赤ちゃんと一緒に楽しく当てたい時に使えるパターンです。大きなお子さんの場合は、簡単なものに使うよりも、お子さんの立場に立ってみて「これで驚く（喜ぶ）だろう」と思うものにこのパターンを使ってみるのがいいです。

 「じゃじゃーん」という意味にもなる

子どもに何かを少しサプライズとして出してあげる時にも使えます。でも大したサプライズでなくてもいいです。例えば、お昼に親が何を作ったかまだ赤ちゃんがわからなければ、"What do we have here? It's a _____."のパターンを使えます。

 バリエーションもある！

バリエーションとして、参考動画のように"What do we have here? We have a _____."としてもいいです。意味は全く同じです。

例文 ❶

What do we have here? It's a diaper.

⋯⋯ **What do we have here? We have a diaper.**

参考
動画

Daddy's / Mommy's / I've gotta ☐.

パパ／ママ／私は ☐ しなくちゃ。

 赤ちゃんの例文

 Track 40

❶ <u>Mommy's gotta</u> go to the store.

ママはお店に行かなくちゃ。

❷ <u>Mommy's gotta</u> make dinner.

ママは夕飯を作らなくちゃ。

❸ <u>Daddy's gotta</u> change your diaper.

パパは○○ちゃんのおむつを替えなくちゃ。

 何歳でも◎

❹ <u>I've gotta</u> jump in the shower.

パパッとシャワーを浴びなくちゃ。

❺ <u>I've gotta</u> check his e-mail.

メールをチェックしなくちゃ。

このパターンで自然と対等な関係になる

子どもへの語りかけフレーズの本の中で、なぜ「パパやママがしていること」についてのパターンを紹介しているのでしょうか。それは「子どもも1人の個人として尊重しているから」です。一緒にいる時間が長くなるとどうしても、親は自分の子どものことを自分の延長線上の存在として考えてしまうことが多いように思います。しかし、日頃、親がこれからすることやこれから行く場所をお子さんに話すことによって、お子さんの尊重につながります。

例えば、例文❺のように、お子さんに何も言わないでそのままメールをチェックしてもいいですが、一言お子さんに「メールをチェックしなくちゃ」と伝えると、「あなたを尊重しているから自分の行動を話しているよ」という姿勢を見せることになります。

 このバリエーションもある！

Daddy's / Mommy's gonna _____. (パパ／ママは今から〇〇する。)

"gotta"（しなくちゃ）が"gonna"に変わるだけですが、"gonna"の意味は「（これから）〇〇をする」です。主な違いは"gotta"は義務に近いので親がしたくない時にも使うということです。"gonna"はただただ今から親が何をするかを話す時に使います。

例文❶

Mommy's gotta go to the store.（ママはお店に行かなくちゃ。）

⋯⋯ **Mommy's gonna** go to the store.（ママはお店に行く。）

ほぼ同じ意味なので、互換的に使用できることが多いですが、赤ちゃんとお子さんにかかわることであれば、"gonna"を使った方が「義務だからしょうがなくやっている」感じが赤ちゃんに伝わらないからです。

✗ **Mommy's gotta** play with you.（ママはあなたと遊ばなくちゃ。）
〇 **Mommy's gonna** play with you.（ママはあなたと遊ぶよ。）

日本人の保育士もよく使う！

このパターンは、多くの日本人の保育士もよく使っています。「今から先生が〇〇をするよ！」など、よく保育園のお子さんに言いますね。ぜひ、おうちでも、同じような尊重の姿勢を子どもに見せましょう！

chapter 2 新しいことを教えてあげたい時のパターン 19

099

32 Mommy / Daddy is gonna ▢ now. / I'm gonna ▢ now.

ママ／パパは今から ▢ をするよ。／私は今から ▢ をするよ。

 赤ちゃんの例文

 Track 41

❶ <u>Daddy is gonna</u> change your diaper <u>now</u>.

パパは今からおむつを替えるよ。

. . . .

❷ <u>Mommy is gonna</u> take a shower <u>now</u>.

ママは今からシャワーを浴びるよ。

. . . .

❸ <u>Daddy is gonna</u> go get the mail <u>now</u>.

パパは今から郵便を取りに行ってくるよ。

. . . .

 **何歳でも◎**

❹ <u>I'm gonna</u> study English <u>now</u>.

ママ／パパは今から英語を勉強するよ。

. . . .

❺ <u>I'm gonna</u> do some work <u>now</u>.

ママ／パパは今から少しお仕事をするよ。

. . . .

なぜ親の行動を子どもに話すの？

92ページのコラムで紹介した「セルフ・トーク」では、親自身の行動についてお子さんに話すと、お子さんの語彙が増え、親子の健全なコミュニケーションを図ることもできるようになります。これは、親はこれから何をするかを話すパターンなので、朝から夜までぜひ使って親子でたくさん英語で話してみてください。 →92ページをチェック!

 ## 年齢に関係なく使える

このパターンはどの年齢のお子さんに対して使っても問題ありません。強いて言えば、唯一気にするべき点は、より大きなお子さんの場合、主語は"Mommy"と"Daddy"ではなく"I"に変えることぐらいです。こちらについては46ページのコラムをご覧ください。 →46ページをチェック!

 ## アイシャの体験談

育休中にこの"Mommy is gonna ___ now."パターンを1日にたぶん50回は使っていました。何についてもすぐにこのパターンで子どもたちに話しました。こんな風に使っていました。

Track 42

Mommy is gonna	wash the dishes	now.	ママは今からお皿を洗う。
	make dinner		ママは今から夕飯を作る。
	chop the vegetables		ママは今から野菜を切る。
	watch TV		ママは今からテレビを観る。
	relax		ママは今からリラックスする。
	exercise		ママは今から運動する。
	call Daddy		ママは今からパパに電話する。
	get dressed		ママは今から着替える。
	read a book		ママは今から読書する。
	wash her face		ママは今から顔を洗う。
	put on makeup		ママは今からメイクする。
	paint her nails		ママは今からマニキュアを塗る。

なお、参考動画のように、必ずしもこのパターンに"now"を入れないといけない訳ではありません。会話の文脈とシチュエーション次第で、"now"を言わなくても「今からするよ」ということは伝わります。

 参考動画

chapter 2 新しいことを教えてあげたい時のパターン19

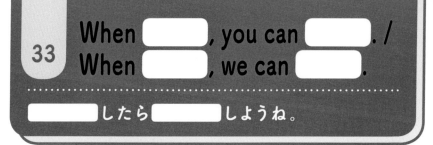

33 When ▢ , you can ▢ . /
When ▢ , we can ▢ .

▢ したら ▢ しようね。

赤ちゃんの例文

Track 43

❶ <u>When</u> Daddy gets home, <u>you can</u> play with him.
パパが帰ってきたらパパと遊ぼうね。

❷ <u>When</u> we get home, <u>we can</u> make dinner.
帰ったら夜ご飯を作ろうね。

何歳でも◎

❸ <u>When</u> we go to the market, <u>we can</u> buy some carrots.
スーパーマーケットに行ったら、ニンジンを買おうね。

❹ <u>When</u> we go to the library next time, <u>we can</u> return your books.
次回、図書館に行ったら、本を返そうね。

❺ <u>When</u> I get home tomorrow, <u>we can</u> watch a movie.
明日、ママ／パパが帰ってきたら映画を観ようね。

"Let's ___."と何が違う?

例文❶の"When Daddy gets home, you can play with him."と"When Daddy gets home, let's play with him."は似ているように見えますが、ニュアンスが若干違います。"Let's"は「絶対にする」と決まっている時に使いますが、"When ___, you / we can ___."というパターンは、将来に確実に起きることについて話すのではなく「〇〇もできるよね」のように将来のプランを立てる(その通り叶わなくてもOK)時に使います。

どの年齢でもOK

勿論、赤ちゃんは将来のことはまだ理解できないので、正確に言うと、このパターンは100%通じません。しかし、それでも、親子で楽しく将来のプランを立てるパターンとして使いましょう。お子さんがもう少し大きくなったら、例文❹や❺のように、リアルなプランについて話す時に使える便利なパターンです。

英語の語彙力アップのためにできること

将来何をするか、という話をしているので、その時にどんな気持ちになるかを親子で想像することによって、お子さんの語彙を増やすことができます。その気持ちを想像するために、次の2つのパターンが使えます。どちらも同じ意味を持ちますので、好きなパターンを選んで、"When ___, you/we can ___."の後に続けて、お子さんに言ってみてください。

追加パターン❶	追加パターン❷
That sounds ___. ～そう。	That's gonna be ___. ～そう。
空欄に使える形容詞の例	
fun (楽しい)	
exciting (ワクワクする)	
interesting (面白い)	
amazing (最高に楽しい)	
fantastic (最高に楽しい)	
thrilling (ワクワクする)	

なお、194ページに"This is gonna be ___."(きっと〇〇だね)というパターンを紹介していますが、"That's gonna be ___."はもう少し遠い将来のことについて表すので、今回は"that's"を使います。

参考動画

34 Do you know what a [ ] is? / Do you know what " [ ] " means?

[ ]って知っている？／[ ]の意味はわかる？

 何歳でも◎

 Track 44

❶ Do you know what a giraffe is?

「キリンさん」って知っている？

. . . .

❷ Do you know what "raw" means?

「生」の意味はわかる？

. . . .

❸ Do you know what a tummy is?

「お腹」って知っている？

. . . .

❹ Do you know what a country is?

「国」って知っている？

. . . .

❺ Do you know what a taco is?

「タコス」って知っている？

. . . .

ある程度、言語力のついている年齢のお子さんに使うパターンです。なぜかというと、見えないものなどのような抽象的なものに使うことが多いからです。

「〇〇の意味って知ってる?」と赤ちゃんに対して聞いても、「え? 意味ってどういう意味?」のように理解してもらえません。そのため、赤ちゃんに対してこのパターンを使う時は、必ず赤ちゃんが見えるものにしましょう。例えば、例文❶、❺なら

> ⋯⋯⋮➤ **Do you know what a giraffe is?** This is a giraffe!
> 「キリンさん」って知っている? これのことだよ。
> (例えば、絵本を読みながら指さすなど)

> ⋯⋯⋮➤ **Do you know what a taco is?** This is a taco!
> 「タコス」って知っている? これのことよ!
> (例えば、メキシコ料理を食べながら言う)

 どうやって答えればいい?

このパターンは新しい英単語を教えるためのパターンなので、"Do you know what a _____ is?"とお子さんに聞いた後に"I don't know."や「知らない」と答えてくる可能性が高いです。その次には、その英単語の意味を教えないといけません。新しい英単語を教えるためのコツは106ページのコラムに紹介しましたのでぜひご参照ください。

→106ページをチェック!

参考
動画

chapter 2 新しいことを教えてあげたい時のパターン 19

新しい英単語の意味を
子どもに教える時に！

Track 45

新しい英単語を子どもに教えたい時に、「どのようにわかりやすく説明すればいいのかな？」と悩んだりしませんか？　ネイティブの親もたまに悩むので、私達が使っているコツをこちらでお話ししたいと思います。

まず、104ページの"Do you know what a ＿＿＿＿ is?"と"Do you know what '＿＿＿＿' means?"という2つのパターンを見て頂きたいです。新しい英単語を子どもに教える時には、こういう質問形のパターンを使うことが多いです。この質問をお子さんに投げかけて「その単語を知らない」と言われたら、次のいくつかの方法でその単語の意味を説明しましょう。難易度（簡単★→難しい★★★★順）別に記載したので、好きなパターンをお使いください。

日本語と英語を交ぜながら説明する　難易度レベル ★☆☆

104ページの例文❶のバリエーション

Do you know what a giraffe is? It's a kirin-san. Kirin-sanのことはgiraffeというんだよ。

「キリンさん」って知ってる？　キリンさんよ。キリンさんのことはジラフという。

私のように海外でバイリンガルで育った子どもは、多くの場合、親にこのように2つの言語を使いながら新しい単語の定義を教えられます。バイリンガル育ちのアイデンティティ（個性）の1つなので、英語だけでは説明できない時にこのように混ぜることは全く問題ないとバイリンガル歴40年以上の私は思います。

絵か写真を見せる 難易度レベル ★★☆

Do you know what a race car is? It's this. This one.

レースカーってわかる？　これ、これ！（iPhoneなどで写真を見せる）

ジェスチャーを使う 難易度レベル ★★★

Do you know what "stomachache" means? It's like this, "Ouch, ouch. My tummy!!!"

「腹痛」の意味はわかる？　こんな感じ！　お腹が、痛い痛い！っていう意味。（お腹が痛そうに演技する）

英語で定義を言う 難易度レベル ★★★★

104ページの例文❷のバリエーション

Do you know what "raw" means? It means not cooked yet.

「生」の意味はわかる？　まだ火が通っていないという意味。

親がすべて回答できなくてもいいです。親も言語で苦戦しながら諦めず楽しく自分で答えを探そうとする姿をお子さんに見せると、お子さんのこれからの英語の勉強のモチベーションにつながります。ですので、ここで紹介したコツを使いながら楽しくお子さんに新しい英単語をインプットしましょう。

"Where is / are the ⬚ ?"の 空欄に入れられる名詞

Track 46

このコラムには70ページの"Where is / are the ⬚ ?"というパターンの空欄に入れられる名詞を記載しています。"Where is the ⬚ ?"の空欄に入るのは「単数形の名詞」ですが、ご覧の通り、この表の中には"apple"や"banana"は入っていません。もちろん、"Where is the apple?"や"Where is the banana?"は文法的には言ってもOKですが、スーパーで「あれ？ りんごはどこかな?」という話をする時に、1つの特定のりんごではなく、りんごの売り場(りんごがたくさん並んでいるところ)を探している前提のパターンなので、スーパーなどでりんごの売り場を探している時には"Where are the apples?"や"Where are the bananas?"と言います。ただ、レタスやアスパラなどの一部の野菜の場合は、英語のルールとして「単数形」になるので、そういった野菜は109ページの表に入れました。

"Where is the 〔　　　〕?"の空欄に使える語句

Where is the 〔　〕?

家の中	公園	スーパーマーケット	散歩中
bathroom トイレ	slide 滑り台	register レジ	tree 木
shampoo シャンプー	jungle gym ジャングルジム	produce section 野菜コーナー	road 道
mayonnaise / ketchup マヨネーズ／ケチャップ *いろんな調味料に使える	sandbox 砂場	frozen food 冷凍コーナー	stop sign 「止まれ」の標識
soy sauce / mirin / sake 醤油／みりん／酒	water fountain 噴水	fruit 果物	traffic light 信号機
bed ベッド	bathroom トイレ	bakery ベーカリー	green light 信号の青
crib ベビーベッド	bench ベンチ	shopping cart（今、使っているカートを探している時）カート	red light 信号の赤
tea お茶	duck pond 鴨池	fish / meat / pork / chicken 魚／肉／豚肉／鶏肉	yellow light 信号の黄色
barley tea 麦茶		curry カレー	
remote リモコン		onigiri おにぎり	
puzzle パズル		broccoli / asparagus ブロッコリー／アスパラ	
		eggplant ナス	
		lettuce / cabbage レタス／キャベツ	
		seafood シーフード	

chapter 2　新しいことを教えてあげたい時のパターン 19

"Where are the [____]?"の空欄に使える語句

Where are the [____]?	家の中	公園	スーパーマーケット	散歩中
	tissues ティッシュ	swings ブランコ	vegetables 野菜	trees 木
	diapers おむつ	monkey bars うんてい	canned goods 缶詰	birds 鳥
	baby wipes おしりふき	ducks 鴨	shopping carts （カートはどこに 置いているか探す時に） カート	other kids 他のお子さんたち
	chopsticks お箸		snacks おやつ	clouds 雲
	toys おもちゃ		toys おもちゃ	
	socks 靴下		apples / bananas / carrots / potatoes りんご／バナナ／ 人参／じゃがいも	
	crayons クレヨン		baby products 赤ちゃん用の商品	
	blocks 積み木		eggs 卵	
	cookies クッキー		juice boxes 紙パックのジュース	
	keys 鍵			
	scissors ハサミ			
	grapes ぶどう			
	markers マーカー			

これらは子育て生活の中でよく言う表現です。おうち英語の語りかけをされている親御さんは、このようなちょっとしたチャンスも捕まえましょう。あえて親が言語化することで、子どもにとっては語彙のインプットになります。そのため、ぜひ、これらのパターンに慣れて、新しい語彙を増やしていきましょう。

意見を
聞きたい時の
パターン17

35

Do you wanna ◻◻◻◻◻◻ ?

◻◻◻◻◻◻ したい？

赤ちゃんの例文

Track 47

❶ <u>Do you wanna</u> read a book?

絵本を読みたい？

❷ <u>Do you wanna</u> go outside?

外に行きたい？

❸ <u>Do you wanna</u> listen to some music?

音楽を聴きたい？

何歳でも◎

❹ <u>Do you wanna</u> go to the store with me?

ママ／パパとお店に行きたい？

❺ <u>Do you wanna</u> take a karate class?

空手をやってみたい？

❻ <u>Do you wanna</u> stay in or go out today?

今日は家にいたい？　それとも外に行きたい？

アイシャの体験談

育休中、多分このパターンを一番使っていました。長女・オリビアが0歳の時の動画でも何回も彼女に語りかけているように、やっぱり、ネイティブの親が絶対に使っているパターンです。とにかく1日中、何かをする前にこのパターンを使っていました。この簡単なパターンでは、子どもの意見を聞くことになるので、赤ちゃんの頃からお子さんに尊重の姿勢を見せることができます。

 断られたらこのパターンで返そう

もしお子さんに"Do you wanna ___?"と聞いた後に"No!"とか「いやだ」と言われたら、このパターンで返しましょう。

No? You don't wanna ___? Okay.

例文❷

親：**Do you wanna** go outside?

子：**No!**

親：**No? You don't wanna** go outside? **Okay.**

（外に行きたくないのね。わかった。）

例文❸

親：**Do you wanna** listen to some music?

子：**No!**

親：**No? You don't wanna** listen to some music? Okay.

（音楽を聴きたくないのね。わかった。）

もちろん、"No!"と言われたら理由などを（日本語でも）聞くことができますが、基本的にこれは「意見を聞く」パターンなので、お子さんの判断を尊重してこのような表現で返しましょう。

参考動画

36

What do you say we ⬜⬜⬜⬜ ?

⬜⬜⬜⬜ するのはどう？

赤ちゃんの例文

Track 48

❶ What do you say we read a book?
絵本を読むのはどう？

❷ What do you say we go out for a walk?
散歩に行くのはどう？

❸ What do you say we take a little nap?
少しだけお昼寝するのはどう？

何歳でも◎

❹ What do you say we go visit Grandma this weekend?
今週末、ばぁばに会いに行くのはどう？

❺ What do you say we go out to eat tonight?
今夜は外食するのはどう？

子育て以外でもよく使う

子育てに限らず、英語ネイティブの方がよく使うパターンです。ただの提案よりも「私は〇〇を考えているけどどう?」というようなニュアンスになるので、前向きに何かを提案したい時に使います。

 年齢での使い分け

赤ちゃんにたくさんのパターンに触れさせるためにはこのパターンをぜひ使ってみてください。お子さんが少し大きくなれば、同じパターンを使ってもいいですが、お子さんの希望と意見を大事にすることが必要なので、"I don't want to."と言われたらその気持ちを尊重しましょう。こちらのパターンはあくまで「提案」ですから。

そしてより大きなお子さんに対してこのパターンを使う時は、もう少し未来に起きることを提案してもいいでしょう。

6歳なら…

例文④ __What do you say we__ go visit Grandma this __weekend__?

こちらは「今週末」の話ですが、来週や夏、クリスマス、来年なども使ってもいいです。例えば

What do you say we go visit Grandma <u>next week</u>**?** 来週、ばぁばに会いに行くのはどう?		
<u>this summer</u>**?** （今年の夏）	<u>this Christmas</u>**?** （次のクリスマス）	<u>next year</u>**?** （来年）

お子さんの年齢によってぜひ使い分けてみてください。

参考
動画

37

Did you have a nice [____]?

[____] はどうだった？　よかった？

 赤ちゃんの例文

 Track 49

❶ <u>Did you have a nice</u> bath?

お風呂はどうだった？　よかった？

❷ <u>Did you have a nice</u> diaper change?

おむつを替えてもらってどう？　よかった？　気持ちいい？

❸ <u>Did you have a nice</u> night?

夜はどう過ごした？　気持ちよく寝られた？

 何歳でも◎

❹ <u>Did you have a nice</u> time with your friends?

友達と楽しい時間を過ごせた？

❺ <u>Did you have a nice</u> time at the park?

公園はどうだった？　楽しかった？

"Did you enjoy □□□□□?" よりも使いやすい！

"Did you have a nice nap?"と"Did you enjoy your nap?"の意味はほとんど同じです。どちらも「○○がよかった？　エンジョイできた？」という意味で使って頂けます。

> Did you have a nice nap?　≒　Did you enjoy your nap?

"Did you enjoy □□□□□?"を使うと、空欄に入る単語次第で、"enjoy"の後に"your"だったり"the"だったり、ing形の動詞だったりが来るので初心者にとってはややこしいです。

> **Did you enjoy <u>your</u> breakfast?**
>
> **Did you enjoy <u>the</u> meal?**
>
> **Did you enjoy <u>going</u> to the store?**

しかし"Did you have a nice □□□□□?"は、空欄に名詞を当てはめるだけなので、1日中楽に使える便利な表現です。

多くの英語のインプットに使おう

"Did you have a nice □□□□□?"の空欄には、場所や場面など、多くの名詞を入れられます。次のページの表の語句を使ってみてください。

また、"Did you have a nice □□□□□?"というパターンに関連して更に使える次の2つのパターンも紹介します。

> • **Did you have a nice time at □□□□□?**
>   ○○で楽しい時間を過ごした？
>
> • **Did you have a nice time at the □□□□□?**
>   ○○で楽しい時間を過ごした？

両方とも、「〜（場所）で楽しい時間を過ごした？」と聞いていますが、"the"が入るパターンと入らないパターンがあります。一般的な場所の話をする時に"the"が入ります。例えば、動物園や公園です。しかし、お子さんが通う幼稚園など、お子さんにとって「馴染みのある、自分の心に近い場所」の場合は "the"を使いません。そのため、お子さんの習い事や塾は"the"なしのパターンを使います。

Did you have a nice ⬚?		Did you have a nice time at the ⬚?		Did you have a nice time at ⬚?	
○○はどうだった？よかった？	breakfast 朝ご飯	○○で過ごした時間はどうだった？よかった？ *theを使う名詞	park 公園	○○で過ごした時間はどうだった？よかった？ *theを使わない名詞	kinder 幼稚園
	lunch お昼ご飯		zoo 動物園		day care 保育園
	dinner 夕ご飯		super market スーパー		your friend's house お友達の家
	snack おやつ		play ground プレーグラウンド		your English lesson 英語の教室
	bath お風呂		mall ショッピングモール		your art class アートの教室
	shower シャワー		toy store おもちゃ屋さん		your Grandma's house ばぁばの家
	nap 昼寝		play area キッズスペース		your karate class 空手のレッスン
	story time 絵本の読み聞かせ				
	walk 散歩				
	play date 友達との遊び会				
	play time 遊ぶ時間				

どれもお子さんの意見を聞く表現です。ぜひ1日の中で、いろんな場面でこの表現を使ってみましょう!

参考
動画

38　How was your ⬚? Was it ⬚?

⬚はどうだった？　⬚だったかな？

赤ちゃんの例文

Track 51

❶ How was your bath? Was it warm?

お風呂はどうだった？　温かかったかな？

❷ How was your diaper change? Was it refreshing?

おむつ替えはどうだった？　すっきりしたかな？

何歳でも◎

❸ How was your play date? Was it fun?

お友達との遊び会はどうだった？　楽しかったかな？

❹ How was your snack? Was it tasty?

おやつはどうだったかな？　美味しかったかな？

❺ How was your day? Was it nice?

今日の1日はどうだった？　よかったかな？

自己肯定感アップにつながるパターン

"How was your ⬚⬚⬚⬚⬚?"はお子さんの意見を聞くことになるので、アメリカ人の親はこういうパターンを自然とよく使います。0歳から使えるので1日の中で本当に多くの場面で、非常に便利なパターンです。

 "your"は意図的に使われている

"How was your day?"に"your"とありますが、ネイティブスピーカーは、実は若干意識的にこの"your"を使っています。細かいニュアンスですが言語学的に、"your"の後ろに続く名詞がその人の所有物であること、もしくは、その人自身が直接経験したことを示します。
子育てにおいても同じく、この"your"をあえてパターンに入れることによって、一個人として尊重して「あなたが経験したことを聞いているよ」というニュアンスを込めて語りかけることがあります。日頃の子育ての中でちょっとした自己肯定感を高めるきっかけを作りたい方は、ぜひこのパターンを使い慣れて頂くのがいいと思います！

 子どもに答えを言っちゃっていいの？

例文❶のように "How was your bath? Was it warm?"と小さなお子さんに聞くと「答える機会を奪っているのではないか？」と心配される親御さんもいらっしゃると思いますが、2つの理由から、そのような心配はいりません。

- 小さなお子さんの場合、「答えを与えている」というよりも「答える選択肢を与えている」ということになり、質問（意見を求める）⇔答えるというコミュニケーションのコツを学ばせられる。

- 「どうだった？　温かかった？」などの質問は親御さんが子どもの気持ちを想像して話しているため、お子さんの将来的なエンパシー（相手の気持ちを想像する能力）につながる。

ですので、安心して、日頃からこのようなパターンを使い、お子さんの
自己肯定感と意見形成力を育みましょう。

語りかけのニュアンスって そんなに大事かな?

本書では、多くの場合、細かいニュアンスの違いも紹介させて頂いています。場合によって、気にしなくてもいいニュアンスもありますが、ネイティブの親としてはぜひ気をつけてほしい場合もあります。

毎回はっきりどこまで気をつけるべきかご説明していますが、このコラムではニュアンスに気をつけないといけない時について少し補足します。

ニュアンスが大事ってどういう意味?

32ページのコラムでは、言い方のニュアンスの違いを紹介したのですが、「親は理解できても、声がけされる側のお子さんはニュアンスの違いを知らないし、このニュアンスに気をつける意味はあるのか?」と疑問に思われている親御さんは少なくないと思います。

親御さんも忙しいですし、できれば"Take a bath."などのようなシンプルな英語で済ませておきたいのはわかります。私も第二言語として日本語を学んだので、その「シンプルに言いたい!」という気持ちはよく理解しています。

しかし、この質問はもはやおうち英語の問題ではなく、

- 親としてどのように我が子と接したい?
- どのような関係を作りたい?

というもっと根本的な問題になりますね。

一旦、英語を忘れて、日本語で「別に赤ちゃんだし理解できないからどの言い方でもいいじゃん」と思ってお子さんと接すればどうなるでしょうか?

❶まず、親が「子どもだから○○で別にいいんじゃない」という関係に慣れてしまうことです。そのせいで、子どもが成長しても、お子さんを一個人として考えず接するままになるでしょう（お互いにそのクセがついているから）。

❷お子さんが将来英語を習った時に、ママやパパが丁寧な言葉で話してくれたかどうかに気づき、お子さんの自己肯定感に影響するでしょう。大人のよく言う「私は子どもの頃にいつも親に○○された」とか「○○を言われた」などのように印象に残り、自己価値に影響します。

おうち英語を実践する目的は様々あると思いますが、多くの親御さんに聞くと、「英語を覚えるだけではない」とおっしゃる方が多いです。

「英語を使い、グローバルな社会で活躍できる子どもを育てたい」と思われている親御さんが多い印象を受けます。

ですので、おうち英語を実践されている多く（ほとんど?）の親御さんは、英語の先を見ているような気がしているのです。英語を目的にしているのではなく「手法」にしていると思います。そう考えると、やはり、日頃どのような英語をお子さんに対して使っているか、その英語の裏に「尊重」や「対等な関係」があるかどうかが最終的にグローバルに育てられるかどうかに大きく影響すると思います。

「英語を学ぶ」ことが目的ではなく「英語を学んで、自分らしく、グローバルに活躍する」ことがゴールであるならば、やはり、0歳からお子さんへの英語での語りかけの際ニュアンスはある程度、気にされていた方がいいと思います。

39 Do you like ___ ing?

___ をするのが好き？

 赤ちゃんの例文

Track 52

❶ <u>Do you like</u> smil<u>ing</u>?

笑顔になるのが好き？

❷ <u>Do you like</u> burp<u>ing</u>?

げっぷするのが好き？

❸ <u>Do you like</u> splash<u>ing</u> Daddy?

（お風呂で）パパにお水をかけるのが好き？

 何歳でも◎

❹ <u>Do you like</u> play<u>ing</u> outside?

外で遊ぶのが好き？

❺ <u>Do you like</u> play<u>ing</u> in the bathtub?

お風呂で遊ぶのが好き？

アイシャの体験談

子どもが大人になった時に自分の意見を持っていてほしいと思うので、私は、子どもが0歳の頃から常に意見を聞くようにしています。意見を大切にしているので"Do you like _____ing?"というパターンを1日の中のいろんな場面で楽しく使っています。ing形の動詞を最後に入れるだけなので、本当に便利なパターンです。

 英語のワンポイント

より大きなお子さんと話す時にネイティブの親は英文の一部を省略することが多いです。例えば"Do you like _____ing?"を"You like _____ing?"に省略してもOKです。前者の方が正しい英語ですが、どちらも同じ意味を持つので、使いやすい方を使って頂ければ嬉しいです。

名詞のみのパターンもOK

"Do you like _____ing?"は1つの行動（action）をするのが好きかをお子さんに聞くパターンですが、行動ではなく、あるモノが好きかを聞くパターンももちろんあります。簡単なので"Do you like _____ing?"のバリエーションとしてご紹介します。

Do you like ☐ ?
〜が好き？（名詞）

名詞の種類によって、空欄に入る英単語は"s"が付くか付かないか決まるので、次の表をご覧頂き、どういう名詞に"s"が付くかについて少し慣れてみましょう。

Track 53

Do you like ☐.		
sが付く	sが付かない	
cars 車	food 食べ物	water お水
trains 電車	music 音楽	tea お茶
dolls 人形	rice ご飯	play time 遊ぶ時間
elephants ゾウさん	bread パン	story time 読み聞かせの時間
dinosaurs 恐竜	cheese チーズ	

参考動画

40 You like ▢▢▢ing, don't you?

▢▢▢してもらって嬉しいね！／▢▢▢すると嬉しいね！

 赤ちゃんの例文

Track 54

❶ <u>You like</u> be<u>ing</u> carried, <u>don't you?</u>
抱っこされて嬉しいね！

❷ <u>You like</u> gett<u>ing</u> your diaper changed, <u>don't you?</u>
おむつを替えてもらって嬉しいね！

❸ <u>You like</u> tak<u>ing</u> a nap in Daddy's arms, <u>don't you?</u>
パパの腕の中で昼寝すると嬉しいね！

 何歳でも◎

❹ <u>You like</u> read<u>ing</u> with Daddy, <u>don't you?</u>
パパと絵本を読むと嬉しいね！

❺ <u>You like</u> go<u>ing</u> to the park, <u>don't you?</u>
公園に行くと嬉しいね！

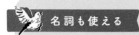
"You like ____, don't you?"の空欄には名詞も入れることができます。その場合、次のような例文があります。

Track 55

You like nap time, don't you? お昼寝の時間が好きよね！	"nap time"の代わりに snack time（おやつの時間） lunch time（お昼ご飯の時間） story time（読み聞かせの時間） cuddle time（ギューの時間） なども使えます。
You like carrots, don't you? ニンジンが好きよね！	"carrots"の代わりに bananas（バナナ） curry（カレー） onigiri（おにぎり） なども使えます。
You like this book, don't you? この絵本が好きよね！	"this book"の代わりに this story（この物語） this movie（この映画） this TV show（このテレビ番組） this YouTube channel（このYouTubeチャンネル） なども使えます。

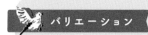

"You like ⬜⬜⬜ing, don't you?"のバリエーションとして"You like it when
⬜⬜⬜ don't you?"もあります。ただ、文章が長くなるので、英語初心者の親御さん
には"You like ⬜⬜⬜ing, don't you?"がおすすめです。

 例文❶ **You like being carried, don't you?**

抱っこされて嬉しいの？　嬉しいね!

⋯⋮ <u>You like it when</u> Mommy carries you, <u>don't you?</u>

ママが抱っこしてくれると嬉しいね!

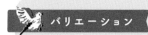 年齢次第で使い分ける

このパターンでは、親がお子さんの代わりに意見を言っているので、自分の意見を伝えられ
るくらい言語力のついているお子さんに対しては、もっとシンプルに意見を聞きましょう。

例文❹ **You like reading with Daddy, don't you?**

パパと絵本を読むと嬉しいね!

6歳児向けのバリエーション

⋯⋮ **Do you like to read?**

読むのが好き？

参考
動画

"Mother"と"Mommy"と "Mom"の違いは何?

このコラムでは、"Mother (Father)"と"Mommy (Daddy)"と"Mom (Dad)"の違いについて紹介したいと思います。

3つの呼び方がある

まず、"Mother"は母親のことを指します。そして、"Mother"と"Mom"、"Mommy"は、それぞれ、子どもが自分の母親を呼ぶ時の呼び方です。どの呼び方になるのかは、お子さんの年齢とその時の状況によって決まります。

お子さんの年齢

小さなお子さんは母親のことを"Mommy"と呼ぶことが多いです。何歳までそう呼ぶか、ルールはありませんが、ティーンエイジャー(13〜17歳)の頃から、"Mommy"から"Mom"に変え、特に友達の前で"Mom"を使うようになります。

ちなみに、"Mommy"から"Mom"へと変わる年齢になると、ネイティブの親としては少し寂しい気持ちになるという話をよく聞きます。

その時の状況で呼び方を変える

上に書いた年齢で呼び方を変えることもありますが、実は、その時の状況によって母親の呼び方を変えるアメリカの子どもも多いです。それは、甘えたい時と母親に怒っている時です。例えば

甘えたい時
例えば16歳の息子が親に何かをお願いしたいことがあると、いきなり"Mommy"と言い出します("Please, Mommy."とか)。"Mommy"を卒業して、"Mom"と呼ばれ慣れている母親は急に"Mommy"と呼ばれると、どんなお願いでも叶えてくれるということを子どもたちは理解しているのです。

親に怒っている時
いつもはお母さんのことを"Mom"と呼んでいる16歳の娘が、(何か出来事をきっかけに)突然怒り出すような時"What are you talking about, Mother?"(「どういうこと?」)などのように "Mother"を使うことがあります。突然怒って、普段は呼ばないような呼び方をする、というような場合です。

みんなが違っていい!

"Mother"か"Mommy"か"Mom"のどれを使うのかは、母親自身はどう呼ばれたいのか、そして、家族としてどうしたいのか、によって決まります。

大事なのは、社会のルールに縛られず、自分らしい家族の形を作ることです。皆さんにとって心地よい呼び方でいきましょう!

Are you enjoying ⬚⬚⬚ ?

⬚⬚⬚をしていて楽しい？

 赤ちゃんの例文

 Track 56

❶ Are you enjoying reading a book with Mommy?

ママと絵本を読んでいて楽しい？

❷ Are you enjoying your walk?

散歩は楽しい？

❸ Are you enjoying your toys?

おもちゃは楽しい？

 6歳〜◎

❹ Are you enjoying your English lessons?

英会話のレッスンを楽しんでる？

❺ Are you enjoying your book?

今読んでいる本を楽しんでる？

年齢次第で使い分ける

小さなお子さんに対してこのパターンを使う時は、目の前にあるもの、もしくは今やっていることについて聞きましょう。

Are you enjoying playing with your toys?

おもちゃで遊んでいて楽しい?

もちろん、英語という面では、このパターンを小さなお子さんに対して話してもいいですし、話すことで語彙力アップにもつながります。しかし、赤ちゃんの反応と意見を引き出すために、目の前に今あるものの意見を優先して聞いた方がいいです。

もう少し大きいお子さんの場合は、目の前にあるものだけではなく、例文❹(Are you enjoying your English lessons?)のように、目に見えないものについて聞いてもいいです。もしくは、このパターンで、お子さんが定期的に行っている活動を楽しんでいるかどうかを聞くこともできます。

 これで更に語彙力アップ

このパターンを聞いた後に、親の感想も言ってみると更に語彙力を高められます。
例文❷、❸なら…

⋯⋮ **Are you enjoying your walk? You look relaxed.**

（散歩は楽しい?　リラックスしているように見える。）

⋯⋮ **Are you enjoying your toys? You look like you're having fun.**

（おもちゃは楽しい?　楽しそうね。）

[____] がほしい人は？　私！／ [____] したい人は？

赤ちゃんの例文

Track 57

❶ Who wants a bedtime story? Me!

絵本を読んでほしい人は？　私！

....

❷ Who wants a bottle? Me!

ミルクを飲みたい人は？　私！

....

❸ Who wants a bath? Me!

お風呂に入りたい人は？　私！

....

何歳でも◎

❹ Who's up for a movie?

映画を観に行きたい人は？

....

❺ Who's up for a trip to the zoo?

動物園に行きたい人は？

....

年齢次第でパターンが変わる

小さいお子さんは、言語力がまだ高くないので、親が"Who wants a _____?"と質問した後に、自分でお子さんの代わりに"Me!"と明るく答えることが多いです。それと同時にお子さんの手を軽く挙げるとお子さんのエンゲージメントも増やせます。参考動画をご覧ください。

より大きいお子さんの場合、言語力も高くなってきますし、自分の意見も持つようになります。その時、例文❹、❺のようにアップグレードしてもいいです。

断られることもある

"Who wants a _____?"をお子さんに聞くと"No!"と言われる可能性があります。意見なのでしょうがないです。なので、譲れない時（選択肢を与えたくない時）や、もしくはお子さんの機嫌が悪い時にはこのパターンは使わない方がいいでしょう。

動詞にも使える

参考動画のように、名詞だけでなく、動詞を入れて使うこともできます。その場合、"Who wants"の後に"to _____"を入れてみてください。例えば例文❷、❸なら…

> ⋯⋯**Who wants to have a bottle? Me!**
>
> （ミルクを飲みたい人は？　私!）

> ⋯⋯**Who wants to take a bath? Me!**
>
> （お風呂に入りたい人は？　私!）

参考
動画

43 Do you wanna play ⬜？

⬜で遊ぶ?

 赤ちゃんの例文

 Track 58

❶ <u>Do you wanna play</u> peekaboo?

いないいないばあをする?

❷ <u>Do you wanna play</u> pat-a-cake?

手遊び（パタケーキ）をする?

❸ <u>Do you wanna play</u> with your blocks?

積み木で遊ぶ?

 何歳でも◎

❹ <u>Do you wanna play</u> something?

何か遊ぶ?

❺ <u>Do you wanna play</u> princess?

プリンセスごっこをする?

何歳でも使えるパターン

子どもが何歳でも、遊ぶ時にはぜひこのパターンを使ってみてください。ごっこ遊びを卒業しても、ボードゲームやトランプなどをして親子の楽しい時間を過ごせますし、お子さんが少し大きくなってもこのパターンをそのまま使い続けられます。

 例

Do you wanna play a board game?

ボードゲームをする?

Do you wanna play Mario Kart?

マリオカートをする?

Do you wanna play UNO?

UNOをする?

Do you wanna play chess / checkers / shogi?

チェス(チェッカー・将棋)をする?

Do you wanna play soccer / baseball?

サッカー(野球)をする?

 赤ちゃんにとっての遊ぶ大切さ

ハーバード大学の子ども発達センター(Center on the Developing Child)によると、赤ちゃんは遊ぶことが、脳の構造を頑丈に発達させるのに役立つそうです。(※)脳の作りにおいて、DNAは勿論大きく影響しますが、赤ちゃんの育った環境と経験したことは重なって、脳の発達に影響します。なので、幼児教育者と小児科医は成長段階に合った遊びを強く勧めています。このパターンを使って、0歳からたくさんお子さんと遊びましょう!

参考
動画

Pick a ___. Which one? / Which one ___?

好きな___を選んで。どっちがほしい？／どっちを___したい？

 赤ちゃんの例文

 Track 59

❶ Pick a book. Which one?

好きな絵本を選んで。どっちがほしい？
（家での読み聞かせの前や本屋さんで買う絵本を選んでもらう時）

❷ Pick a spoon. Which one?

好きなスプーンを選んで。どっちがほしい？
（家で離乳食を食べる時）

 何歳でも◎

❸ Pick a drink. Which one do you want?

好きな飲み物を選んで。どっちがほしい？
（コンビニや家、レストランで使える）

❹ Pick a shirt. Which one do you want to wear?

好きなシャツを選んで。どっちを着たい？（家で着る服を選ぶ時）

❺ Pick a kids' meal. Which one do you want to order?

好きなキッズセットを選んで。どっちを頼みたい？（ファミレスで）

これがコツ！

赤ちゃんに対してこの質問をする時には、2つのものだけを選択肢として与えて、かつ2つのものをわかりやすく見せてあげてください。例えば、左手と右手を大きく広げてそれぞれの手で1つのものを持つなどです。

 ## この質問の大切さ

「赤ちゃんに『どっちが好き？』と聞いても理解できないし、意味あるの？」と疑問に思う方もいらっしゃると思いますが、赤ちゃんに対して「どれが好き？」のような質問することによって、

- 親が、お子さんが自分で選ぶことに慣れることでお子さんが成長した時により対等な関係が築きやすくなる
- お子さんとのコミュニケーションが増える
- 語彙が増える

等の効果があります。
ですのでレバイン式子育ての基本の1つとして、0歳から子どもに選択肢を与えることがあります。

 ## 赤ちゃんが選んだ後に使えるパターン

赤ちゃんはまだ話せず、完璧には動けませんが、体を動かしたり、指さしたり、喃語を話したりすることによって、自分なりに大人たちに対して意見を伝えようとします。その時にどのような返事ができるかは、140ページのコラムをご参照ください。→140ページをチェック！

参考動画

45 Should we ☐ or should we ☐ ?

☐ をする？ それとも ☐ をする？

 赤ちゃんの例文

Track 60

❶ <u>Should we</u> sing a song <u>or should we</u> play peekaboo?

歌を歌う？　それとも、いないいないばあをする？

❷ <u>Should we</u> eat a banana <u>or should we</u> eat an apple?

バナナを食べる？　それとも、リンゴを食べる？

 何歳でも◎

❸ <u>Should we</u> go to the park <u>or should we</u> go to the movies?

公園に行く？　それとも、映画を観に行く？

❹ <u>Should we</u> read this dinosaur book
　<u>or should we</u> read this unicorn book?

恐竜の絵本にする？　それとも、ユニコーンの絵本にする？

❺ <u>Should we</u> walk to the park <u>or should we</u> drive to the park?

公園まで歩いて行く？　それとも、車で行く？

shouldは「すべき」だけではない

日本の学校で"should"は「〇〇すべき」という意味を持つと習います。例えば"You should go to school."（学校に行くべきだ）のようにです。

しかし、"should"の後に"we"を入れると、前向きな提案パターンにもなります。なので、何かを前向きに提案したい時には、参考動画のように、"Should we ___?"の部分だけをお子さんに言ってもいいです。この"Should we ___?"は、子育ての中で、多くのネイティブの親がよく使います。

 赤ちゃんにも意見があります

小さな赤ちゃんは知っている語彙数がまだ少ないため、赤ちゃんに名詞を使う時には、抽象的な名詞ではなく、目に見える名詞の方がいいでしょう。例えば、

例文❷ **Should we eat a banana or should we eat an apple?**

赤ちゃんはバナナとリンゴを見ることができるので、赤ちゃんにとってわかりやすい文になります。

しかし、nap（昼寝）やsong（歌）などのような単語は、目に見える名詞ではないので、赤ちゃんと話す時には、次のようなコツを使ってみてもいいです。

例文❶ **Should we sing a song or should we play peekaboo?**

コツ1

"sing a song"（歌を歌う）は抽象的なので"sing a song"を言った後に"La, la, la♪"の擬音語を少し加える

コツ2

"peekaboo"の後に「いないいないばあ」のジェスチャーをする

ぜひ、このような二択のパターンを使って対等な親子関係を築きましょう。

chapter 3 意見を聞きたい時のパターン 17

139

ハーバード大学が推薦する「正しい赤ちゃんへの語りかけ方」

Track 61

ハーバード大学の子ども発達センター（Center on the Developing Child）では「サーブ・アンド・リターン」という方法を推進しています。（※）

サーブ・アンド・リターン

サーブ・アンド・リターンとは？

赤ちゃんと幼児が泣いたり、喃語を話したりする時に、近くにいる大人が赤ちゃんと目を合わせたり、言葉をかけたり、ハグしたりして、お子さんの行為に対して反応すること。

赤ちゃんはまだ話せないので、喃語や号泣などによって、大人とコミュニケーションを取ろうとします。ですので、これらの合図を無視せずに、しっかりと受け取ることによって、赤ちゃんの脳の神経接続が構築、強化され、コミュニケーション能力や社会性の発達が促されます。

なぜ「サーブ・アンド・リターン」と呼ばれているかというと、テニス（卓球）と同様に、1人がサーブして、もう1人が受け取って更に返すというイメージは理想的なコミュニケーション方法だからです。

サーブ・アンド・リターンを行わないと、発達中の脳の構造が破壊され、その後の身体的、精神的、感情的な健康が損なわれる可能性があります。さらに悪いことに、身体のストレス反応も活性化され、発達中の脳に有害なストレスホルモンが流れ込む可能性があります。ですので、ぜひ、赤ちゃんとの日頃の接し方の中で実践してみてください。このサーブ・アンド・リターンを日頃の子育ての中でもっと取り入れたい親御さんは「レバイン式子育て」で検索してみてください。レバイン式子育てはこの方法に基づいて開発されているためです。

サーブ・アンド・リターンのおうち英語

❶ 赤ちゃんが指をさす時

What is that? Is that a ⬚⬚⬚?　それ、何かな？　○○かな？

　What is that? Is that a bird?　それ、何かな？　鳥かな？

　What is that? Is that a car?　それ、何かな？　車かな？

❷ 赤ちゃんが足をパタパタさせる時

What? Are you ⬚⬚⬚?　どうしたの？　○○という気持ちかな？

　What? Are you excited?　どうしたの？　ワクワクしているのかな？

　What? Are you happy?　どうしたの？　嬉しいのかな？

❸ ものを見せに来てくれた時

Oh, I see. It's a ⬚⬚⬚. It's ⬚⬚⬚.
なるほど。これは、○○だね。○○だね。

　Oh, I see. It's a rock. It's hard.　なるほど。これは、石だね。硬いね。

　Oh, I see. It's a leaf. It's pretty.　なるほど。これは、葉っぱだね。きれいだね。

46

What ___ **do you want to** ___ **?**
/ What do you want to ___ **?**

何の ___ を ___ したい？／何を ___ したい？

 赤ちゃんの例文

 Track 62

❶ <u>What</u> book <u>do you want to</u> read?
何の本を読みたい？

❷ <u>What</u> song <u>do you want to</u> sing?
何の歌を歌いたい？

 何歳でも◎

❸ <u>What</u> movie <u>do you want to</u> watch?
何の映画が観たい？

❹ <u>What do you want to</u> play at your friend's house?
友達の家で何をしたい？

❺ <u>What do you want to</u> be when you grow up?
大きくなったら何になりたい？

年齢での使い分け

このパターンを通してお子さんの意見を聞くことになるので、大きなお子さんに対して使っても全く問題ありません。大きいお子さんの場合は、もう少し複雑な要素を入れてお子さんの思考力を伸ばすこともできますので、例文❹と❺のように、将来を想像させるような内容にしてもいいです。

例文❹ **What do you want to** play at your friend's house?

友達の家で何をしたい？（友達の家に着いたら何をするかを想像させる）

例文❺ **What do you want to** be when you grow up?

大きくなったら何になりたい？（大きくなった自分を想像させる）

 赤ちゃんに対して使う時

また、139ページでもお話ししたように、赤ちゃんの言語力はまだ非常に限られているので、赤ちゃんに対してこのパターンを使う時には、以下の点に気をつけましょう。

●二択で意見を聞くこと
三択以上から選ばせると混乱してしまいます。

●選択肢を両方ともはっきりと見えるものにすること
見えるものでないと赤ちゃんは反応しようがありません。折角意見を聞いているので、目に見えるものについて使いましょう。→139ページをチェック！

参考
動画

47

What do you want to see at the ⬚ ?

⬚ で何が見たい？

 赤ちゃんの例文

Track 63

❶ <u>What do you want to see at the</u> park?
公園で何が見たい？

❷ <u>What do you want to see at the</u> toy store?
おもちゃ屋さんで何が見たい？

❸ <u>What do you want to see at the</u> supermarket?
スーパーマーケットで何が見たい？

 何歳でも◎

❹ <u>What do you want to see at the</u> library?
図書館で何が見たい？

❺ <u>What do you want to see at the</u> bookstore?
本屋さんで何が見たい？

想像力を育む英語

"What do you want to see at the _____?"というパターンには「_____ に着いたら何が見たい?」というニュアンスがあります。ですので、着いてから何をすれば嬉しくなるかについて考えさせてくれる、想像力を伸ばすパターンです。それだけでなく、お子さんの好奇心も育み、お子さんの意見を大事に思っている姿勢も見せることができるパターンでもあります。どこかに向かっている時に、その目的地がたいしたところではなくても、ぜひ、このパターンを使ってみてください。

赤ちゃんの場合は

赤ちゃんに"What do you want to see at the _____?"と聞いても「私、〇〇が見たい!」とは答えてくれないでしょう。赤ちゃんに対してこのパターンを使う時は、次のように選択肢も与えてみましょう。例えば例文❶、❸なら…

例文❶

⋯⋯⋮ **What do you want to see at the** park? The swings?
The slide?

（公園で何が見たい?　ブランコかな?　滑り台かな?）

例文❸

⋯⋯⋮ **What do you want to see at the** supermarket?
The chocolate? The fruit?

（スーパーマーケットで何が見たい?　チョコ?　果物?）

赤ちゃんが完全に親の言っていることは理解できなくても、語彙力と親子の楽しいコミュニケーションの時間につながるので、言ってみましょう!

特別なお出かけにも

いつもと違う場所に行く時にもこのパターンを使えます。

What do you want to see at the zoo?

動物園で何が見たい?

48 Which one was your favorite ☐? / Who was your favorite ☐?

さっきの ☐ の中でどれ／誰が一番好きだった？

 赤ちゃんの例文

 Track 64

❶ Which one was your favorite train?

さっきの電車の中でどれが一番好きだった？

（線路や鉄道博物館のようなところで電車がたくさん並んでいるのを見た後に聞く）

❷ Which one was your favorite toy?

さっきのおもちゃの中でどれが一番好きだった？

（おもちゃ屋さんなどでおもちゃがたくさんあったのを見た後に聞く）

❸ Which one was your favorite book?

さっきの絵本の中でどれが一番好きだった？

（絵本をたくさん読んだ後に聞く）

 何歳でも◎

❹ Who was your favorite character?

さっきの登場人物の中で誰が一番好きだった？（本を読んだ後に聞く）

❺ Who was your favorite superhero?

さっきのヒーローの中で誰が一番好きだった？（映画を観た後に聞く）

微妙なニュアンスが大事

"What is your favorite _____?"というパターンもあります。意味は近いのでその違いについて気になる方がいらっしゃると思いますが、実は、このパターンはニュアンスがとても大事なので紹介します。

"What is your favorite _____?"は、ただ、単に「どの〇〇が一番好き?」という意味です。"Which one was your favorite _____?"は、どちらかというと、先程お子さんが見たもの（経験したこと）の中でどれが一番よかったかを聞いているパターンです。このパターンを本書に入れた理由は、親子でどこかに出かけている時に、帰り道で必ずお子さんに感想を聞くからです。勿論、0歳の赤ちゃんがこのパターンを聞かれても理解できませんが、お子さんに意見を聞く親の練習として、ぜひ小さな赤ちゃんに対しても聞いてみてください。

 親の意見も話そう！

親自身の意見を伝えることによって、お子さんがどのように自分の意見を話したらいいかがわかるようになります。次のように、このパターンを使う時には、親の意見も言ってみてください。例文❶、❺なら

例文❶

⋯⋯⋯ **Which one was your favorite train?** Mommy liked the red one. It was so shiny!

（さっきの電車の中でどれが一番好きだった?　ママは赤い電車が好きだったね。ピカピカだったしね。）

例文❺

⋯⋯⋯ **Who was your favorite superhero?** Daddy liked the fast one.

（さっきのヒーローの中で誰が一番好きだった?　パパは速いやつが好きだった。）

49 Which ☐ do you want?

どの ☐ がいい？

 赤ちゃんの例文

 Track 65

❶ <u>Which</u> bib <u>do you want</u>?
どっちのスタイがいい？

❷ <u>Which</u> toy <u>do you want</u>?
どっちのおもちゃがいい？

 何歳でも◎

❸ <u>Which</u> book <u>do you want</u> to read before bedtime?
寝る前の絵本はどれがいい？

❹ <u>Which</u> movie <u>do you want</u> to watch this weekend?
週末にどの映画を観たい？

❺ <u>Which</u> backpack <u>do you want</u> for school?
学校のリュックはどれがいい？

バリエーション

参考動画のように、"Which _____ would you like?"もバリエーションとして使えます。使い方は全く同じなので好きなパターンを選んで使ってみてください。

> 例 **Which plate** <u>would you like?</u> （どっちのお皿がいい？）

> 例 **Which shirt** <u>would you like?</u> （どっちのシャツがいい？）

また、136ページの"Pick a _____. Which one?"（好きな○○を選んで。どっちがほしい？）に似ているパターンです。意味は同じなので両方とも使ってみて、お子さんの英語のインプットを増やしましょう。 →136ページをチェック！

 ネイティブの親のコツ

アメリカで多くの親御さんは、お子さんに対して「どれがいい？」と聞いた後に、出している選択肢1つひとつについて少し補足します。例えば例文❶、❷なら

例文❶

⋯⋯⋗ <u>**Which bib**</u> <u>do you want?</u> This bib is blue. This bib is pink.

どっちのスタイがいい？　こっちのスタイは青くて、こっちはピンク。

例文❷

⋯⋯⋗ <u>**Which toy**</u> <u>do you want?</u> The dinosaur or the princess?

どっちのおもちゃがいい？　恐竜がいい？　それともお姫様がいい？

これによって、新しい語彙が身について、意見を話すことに慣れることができるというメリットもあります。

参考動画

50 Do you wanna ▢ one day?

将来 ▢ したい？

 赤ちゃんの例文

Track 66

❶ <u>Do you wanna</u> go to the moon <u>one day</u>?
将来、月に行ってみたい？（宇宙の絵本を読みながら話す）

❷ <u>Do you wanna</u> drive a car <u>one day</u>?
将来、車を運転してみたい？（車を見かけた時に話す）

❸ <u>Do you wanna</u> ride a bike like that <u>one day</u>?
将来、あの子みたいに自転車に乗ってみたい？
（外で自転車に乗っているお兄さんかお姉さんを見かけた時）

 何歳でも◎

❹ <u>Do you wanna</u> go to America <u>one day</u>?
将来、アメリカに行ってみたい？（映画を観ながら）

❺ <u>Do you wanna</u> be a scientist <u>one day</u>?
将来、科学者になってみたい？

0歳から夢を見る力を身につける

アメリカでは、小さいころから「将来、何になりたい?」と子どもに真剣に聞くことが多いです。小さい頃から子どもの夢を大事にする文化ですし、「どんな夢でも叶う」と教える文化でもあります。このパターンで赤ちゃんの頃から将来の夢について考えさせるようになります。

 ## 遠い将来の話じゃなくてもいい!

このパターンは、例文❶（Do you wanna go to the moon one day?）のような遠い将来じゃなくてもいいです。"Do you wanna go to school one day?"（将来、学校に行ってみたい?）でもOKです。

 ## 年齢によって

赤ちゃんの場合は、目に見えることについて話をするとより理解します。ですので、消防車を見かけた時に"Do you wanna be a firefighter one day?"（将来、消防士になりたい?）などのように聞くことが理想です。

 ## "wanna"と"want to"の違い

本書の中では"want to"と"wanna"の両方を使っていますが、こちらでこの2つの違いについて少しお話ししたいと思います。両方とも全く同じ意味ですが、"want to"の方がフォーマルで、"wanna"の方がカジュアルな口語表現です。この本を読んでくださっている皆さんは、おうちでお子さんと英語で話されるので、カジュアルな"wanna"を使って頂いてもいいです。一応、皆さんに両方とも紹介したかったので、"want to"が含まれるパターンも入れましたが、その場合"want to"を"wanna"に変えてもいいです。

参考
動画

51 Cheers to [　　　　　] !

[　　　　] に乾杯！

 赤ちゃんの例文

Track 67

❶ Cheers to a baby and Mommy day!

ベイビーとママの素敵な1日に乾杯！

❷ Cheers to going to the park!

公園に来られたことに乾杯！（公園で何かを飲む時に乾杯する）

❸ Cheers to snack time!

おやつの時間に乾杯！

 何歳でも◎

❹ Cheers to a yummy homemade meal!

美味しい手作りのご飯に乾杯！

❺ Cheers to Daddy coming home early!

パパが早く帰ってこられたことに乾杯！

気分の盛り上げにピッタリな表現！

育休中に、毎日同じルーティンの繰り返しだったので、ちょっとだけ特別感を作るために、ご飯を食べる前にこのパターンでよく乾杯をしました。「○○に乾杯！」を色々なシチュエーションの中で語りかけることによって、親がその時に抱えている気持ちや意見をお子さんに伝えることにもなります。

アメリカ人の親は全員するかといったらそうでもないですが、大した場面じゃなくても乾杯する人はいます。こういう"Cheers to ___ !"をたくさん言うと親子で「人生って楽しいね」という気持ちになれます。

 文法は気にしない！

かなりゆるい英語なので文法はあまり気にしないで、好きなことを空欄に入れて話してみてください。

動詞を入れる場合は、ing形にすればいいです。例えば次のような感じです。

> ⋯⋰ **Cheers to going to the park!**（公園に来られたことに乾杯！）
>
> ⋯⋰ **Cheers to having a great day!**（素敵な1日に乾杯！）

 バリエーション

"Cheers to ___ !"が言いにくかったら、参考動画のように"because ___ "にするともう少しシンプルに言い換えられます。

> 例文❸ **Cheers to snack time!**
>
> ⋯⋰ **Cheers because it's snack time!**

 大切な日にも

「乾杯」なので、勿論、お祝いにも使えます。

> **Cheers to Daddy's birthday!**
> パパの誕生日に乾杯！

参考動画

毎日同じ語りかけに 飽きてしまった方へ

どの言語をお子さんに話しているかとは関係なく、日頃の子育ての中ではどうしても、同じフレーズになりがちだと感じませんか？ そうすると、「我が子の語彙力はこれだけで大丈夫かな？」と少し不安になる方は少なくないと思います。私もその1人でした。

例えば40ページのパターン（Let's put on our _____.）は、ほぼ毎日子どもに言わないといけないパターンです。このコラムでは、マンネリ化しそうなパターンを簡単にブラッシュアップするにはどうすればいいか、簡単なコツをシェアしたいと思います。

できることは主に2つあります。

形容詞を積極的に使うこと

と

親の簡単な感想を話すこと

です。

形容詞

形容詞をたくさん入れることによって、より英語の語彙力向上につながります。例えば、40ページの例文❶ **Let's put on** your pajamas.（パジャマを着ようね）に、形容詞を付け加えましょう。

バリエーション❶ 色を加える

Let's put on your pink **pajamas.** Look, They're pink.

ピンクのロンパースを着ようよ。見て、ピンクね。

バリエーション❷ 色じゃない形容詞を1つ加える

<u>Let's put on</u> your beautiful pajamas. Look, They're beautiful.

きれいなパジャマを着ようよ。見て、きれいだね。

バリエーション❸ テーマを加える

<u>Let's put on</u> your dinosaur pajamas. Look, it's a dinosaur.

恐竜のパジャマを着ようよ。見て、恐竜だね。

他にも、本書で紹介したパターンに出てくる名詞の前に、このように1つの単語だけを加えましょう。それによって毎日、同じパターンを使っていても、飽きずに楽しく親子で英語で会話ができるようになります。

親の簡単な感想を話すこと

同じ例文❶ <u>Let's put on</u> your pajamas.に親の感想を最後に加えてバリエーションを出す方法もあります。

<u>Let's put on</u> your pajamas. They're so beautiful.

パジャマを着ようよ。きれいだね。

<u>Let's put on</u> your pajamas. They're so tiny.

パジャマを着ようよ。ちっちゃいね。

<u>Let's put on</u> your pajamas. Mommy loves this green.

パジャマを着ようよ。ママはこの緑色が大好きね。

COLUMN 14

まだまだたくさんあります！
意見を引き出すパターン

Track 69

本章では、お子さんの意見を引き出すパターンを多く紹介しました。しかし、意見を引き出すパターンはまだまだたくさんあります。このパターンは多くのネイティブの親御さんがよく使います。こんなに多い理由は、アメリカ人に意見交換する国民性があるからです。おうち英語を実践されている方もぜひ、このコラムで紹介するパターンを使ってみて、お子さんの意見をたくさん聞きましょう！

パターン①
Is ☐ your favorite ☐ ?
○○はあなたのお気に入りの○○かな？

お気に入りを聞くのにいいパターンです。

Is red your favorite color?
赤はあなたのお気に入りの色かな？

Is barley tea your favorite tea?
麦茶はあなたのお気に入りのお茶かな？

Is Bingo your favorite character?
ビンゴはあなたのお気に入りのキャラクターかな？

パターン②
Do you want to wear ☐ ?
○○を着たい？

洋服の好みを聞くのに便利なパターンです。

Do you want to wear a t-shirt (sweater)?
Tシャツ（セーター）を着たい？

Do you want to wear a skirt (dress)?
スカート（ワンピース）を履きたい？

Do you want to wear pants (shorts)?
ズボン（短パン）を履きたい？

＊ "shorts" と "pants" に "s" が付くことに注意。

chapter

4

自信をつけて
あげたい時の
パターン8

52 You're _____ing! Look at you!

_____ しているじゃん！　すごい！

 赤ちゃんの例文

❶ You're walking! Look at you!

歩いているじゃん！　すごい！

❷ You're waving! Look at you!

手を振っているじゃん！　すごい！

❸ You're crawling! Look at you!

ハイハイしているじゃん！　すごい！

 何歳でも◎

❹ You're doing it all by yourself! Look at you!

1人でやっているじゃん！　すごい！

❺ You're doing your homework every day! Look at you!

毎日、宿題をちゃんとやっているじゃん！　すごい！

褒める時に使えるパターン

このパターンは、お子さんの何らかの成長の際に使う褒めパターンです。161ページでも説明するように、最新の幼児研究では正しい褒め方として、詳細にお子さんを褒めることが勧められています。"Wow!"などだけではなく、何に対しての"Wow!"だったかも伝えることが大事です。このパターンは、冒頭に何がすごかったかを簡単に話した上で、褒める、というパターンになっていて、多くのアメリカ人の親はこのパターンを使います。

 ## "Look at you!"の代わりに……

"Look at you!"などのような褒めるフレーズのバリエーションもあります！　218ページにたくさん書いたので、気になる方は、ぜひご覧ください。→218ページをチェック!

 ## "Look at you!"を使う時の注意点

"Look at you!"を意訳すると、「今のあなたを自分でも見てほしいぐらい素晴らしい」ということになるので、その瞬間にやっていることのみに使います。例えば次のような場合です。

例文❸ **You're crawling. Look at you!**

ハイハイしていない時に"Look at you!"とは言えないので、その行動をしている瞬間を狙ってこの褒めパターンを使いましょう。

ぜひ、毎日、お子さんの素敵な成長を意識してたくさん褒めるようにしましょう。

chapter 4 自信をつけてあげたい時のパターン 8

参考
動画

Make ▢ for ▢.

▢ のために ▢ を作る。

 赤ちゃんの例文

 Track 71

❶ You <u>made</u> this <u>for</u> Mommy? Thank you.

ママのためにこれを作ってくれたの？　ありがとう！
（離乳食で遊んでいて、作ったものを渡してくれた時）

❷ We <u>made</u> this <u>for</u> Daddy! Cool!

パパのためにこれを一緒に作ったよね。いいね。
（朝ご飯を一緒にパパのために作った時や、パパに手作りプレゼントを渡す時）

❸ Daddy <u>made</u> this <u>for</u> Keisuke! Look!

パパはケイスケのために、これを作ったよ！　見て！
（親が縫い物などで何かを赤ちゃんのために作った時）

 何歳でも◎

❹ You <u>made</u> this <u>for</u> Daddy? It looks delicious.

パパのためにこれを作ってくれたの？　あらら！　美味しそう！
（ごっこ遊びなどをする時）

❺ You <u>made</u> this <u>for</u> Mommy at kinder? It's beautiful.

わー！　幼稚園でこれをママのために作ってくれたの？　あらら！　きれい！
（幼稚園で作ったモノをプレゼントしてもらった時）

多くの子どもは、工作とモノづくりが好きです。特に、母の日や父の日、クリスマスなどに保育園と幼稚園でもたくさん作ってくれますよね。作ったモノを渡してくれる時の子どもの笑顔を見ると本当に心が溶けます。

何かを作ってくれたことを褒めてあげたい時、最新の子育て論では、「正しい褒め方」があることをご存じでしたか？　ハーバード大学の子ども発達センター（Center on the Developing Child）によるとその正しい褒め方の1つは「詳細に褒める」ことです。(※)例えば

> ×Great job!
>
> よくできたね！
>
> ○You did this all by yourself. Great job!
>
> 1人でできたね。素晴らしい！

"Great job!!"だけだと「結果」だけを褒めていますし、褒められている人は「どこがよかったのか？」を本当に理解できません。会社の部長面談で「うん、中々いいじゃない。じゃあ、面談終わり」とだけ言われたら、若干困りますよね。「今期、チームをリードして得意先といい関係を作って、よく貢献してくれたね。中々いいじゃない」と言われた方がわかりやすいですね。それと同じです。

"You made this for _____."というパターンは、子どもは日頃親のために作るモノが多いため、そのチャンスを捕まえて、英語のインプットと正しく褒めることの一石二鳥を実現できます。

54 Show ⬜ what you ⬜.

⬜を⬜に見せて。

 赤ちゃんの例文

Track 72

1 <u>Show</u> Daddy <u>what you</u> drew today.

今日、どんな絵を描いたかパパに見せて。

2 <u>Show</u> Mommy <u>what you</u> found outside.

外で何を見つけたかママに見せて。

 何歳でも◎

3 <u>Show</u> Daddy <u>what you</u> made at preschool.

プリスクールで何を作ったかパパに見せて。

4 <u>Show</u> Mommy <u>what you</u> built with your blocks.

積み木で何を作ったかママに見せて。

5 <u>Show</u> Daddy <u>what you</u> read today.

どんな本を読んだかパパに見せて。

このパターンを赤ちゃんに使ってもいい？

「これを赤ちゃんに使うの？」と疑問に思われる方がいらっしゃるかもしれません。確かに例文❶では、赤ちゃんは1人で絵を描いた訳ではないです。親子で描いたり、保育園で先生と一緒に描いたりしたかもしれません。それでもこのパターンを使います。このパターンを使うことによって、「自慢していいよ」というメッセージを赤ちゃんに伝えられるからです。自己肯定感の基礎を育む簡単な方法の1つです。

 ここだけ注意！

このパターンには1つややこしいところがあります。それは、このパターンを言っている人次第で文の意味が変わること。例えば、例文❷の"Show Mommy what you found outside."は、実は2つの意味がありえます。

> 意味1 **Show Mommy <u>what you</u> found outside.**
> <u>ママ</u>が子どもに対して「外で何を見つけたか<u>ママ（私）に見せて</u>」という時

> 意味2 **Show Mommy <u>what you</u> found outside.**
> <u>パパ</u>が子どもに対して「外で何を見つけたか<u>ママに見せてあげて</u>」という時（一緒に報告しているニュアンスです）

 保育園の帰りに使える

保育園や幼稚園に通うお子さんはほぼ毎日何かを作って帰ります。迎えに行く時に（もしくは家で）親に見せたがるでしょうから、そんな時に例文❸の"Show Daddy what you made at preschool."をほぼ毎日使えます！

 バリエーション

参考動画のように、最後の"what you ___"を名詞に替えて、もっとシンプルなパターンを作れます。

> **Show [ ] your [ ].**
> ⋯⋯ **<u>Show</u> Daddy <u>your</u> drawing.**
> 描いた絵をパパに見せて。

参考動画

55 Are you gonna help Mommy / Daddy ___?

ママ／パパの ___ を手伝ってくれるの？

 何歳でも◎

 Track 73

❶ Are you gonna help Daddy clean?

パパの片づけを手伝ってくれるの？

❷ Are you gonna help Mommy cook?

ママの料理を手伝ってくれるの？

❸ Are you gonna help Daddy exercise?

パパが運動するのを手伝ってくれるの？

❹ Are you gonna help Mommy set the table?

ママが食卓の準備をするのを手伝ってくれるの？

❺ Are you gonna help Daddy fold the laundry?

パパの洗濯物畳みを手伝ってくれるの？

お子さんの協力的な姿勢を育む

"Are you gonna help Mommy / Daddy　　　　?"は一日中使えて、新しい動詞のインプットにもつながるネイティブの親がよく使う表現です。

赤ちゃんの場合は、もちろん手伝ってくれませんが、このパターンを使うことによって、「あら！　手伝ってくれるの？」のような意味になるので赤ちゃんを親の作業に巻き込むことができ、赤ちゃんを尊重することにもつながります。なので、赤ちゃんに対して"Are you gonna help Mommy / Daddy　　　　?"と聞くと修辞的な質問になり、実際に家事をしてもらったり、言葉で答えてもらったりするのは目的ではありません。

もちろん、もう少し大きいお子さんの場合は、修辞的な質問として聞くという意味もあるのですが、それだけではありません。"Are you gonna help Daddy wash the dishes?"と、6歳児のお子さんに聞くと、実際にお皿洗いを手伝ってくれるかどうかを聞くことになります。

バリエーション

参考動画のように"Do you wanna help Mommy / Daddy　　　　?"もバリエーションとして使って頂けます。ニュアンスの違いは、"Are you gonna help Mommy / Daddy　　　　?"より"Do you wanna help Mommy / Daddy　　　　?"の方がお子さんの意見を求めています（want を使うため）。ニュアンスの違いはありますが、ほぼ同じような意味になります。

"gonna"と"going to"の違い

151ページで"wanna"が"want to"の口語表現であることを説明しました。"Are you gonna help Mommy / Daddy　　　　?"の"gonna"は、"going to"の口語表現です。"going to"よりカジュアルなので、家族や友達同士でよく使われます。本書を読まれている皆さんは小さなお子さんに対して英語で話しかけているので、基本的にすべて"gonna"として問題ありません。

参考
動画

165

56

What are you doing? Are you ▢ing?

何をしているの？　▢をしているの？

 赤ちゃんの例文

 Track 74

❶ What are you doing? Are you smiling?

何をしているの？　笑っているの？

❷ What are you doing? Are you cooing?

何をしているの？　話しかけてくれているの？

＊2文目の直訳：クーイング（喃語）で話しているの？

❸ What are you doing? Are you babbling?

何をしているの？　話しかけてくれているの？

＊cooingとbabblingの違いは168ページをご覧ください。

 何歳でも◎

❹ What are you doing? Are you going somewhere?

何をしているの？　どこかに行くつもりかな？

（子どもが荷物などをまとめている時）

❺ What are you doing? Are you getting ready for bed?

何をしているの？　寝る前の準備をしているのかな？

"What are you doing?"は比較的簡単な英語です。「何をしているの?」という意味ですが、子育ての中で、特に小さなお子さんに対して"What are you doing?"と聞くのは、お子さんが何をしているかを知りたいというよりも、お子さんとの会話を作るきっかけとして使うことが多いです。例えば、赤ちゃんの場合は「何をしているの?　○○をしているの?」と聞いても当然「○○をしていますよ」とは答えてくれませんよね。でもその質問をきっかけに「笑っているの?」などのようなフォローもたくさんできます。その方法を次にいくつかシェアします。例えば例文❶、❷、❸なら…

繰り返すパターン

What are you doing? Are you smiling? Are you smiling?

何をしているの?　笑っているの?　笑っているの?

自分で答えるパターン

What are you doing? Are you cooing? Yes, you are.

何をしているの?　話しかけてくれているの?　ママに話しかけているね。

親の感想を言うパターン

What are you doing? Are you babbling? That's so beautiful.

何をしているの?　話しかけてくれているの?　なんてきれいなおしゃべりなの。

3つ目のパターンについては、どんな感想でもいいのでとりあえず親御さんが思っていることを1つ補足することによって、お子さんが触れる英単語も勿論増えます。それに、お子さんにとって「意見を持つ」見本にもなるので、ぜひ、簡単な英語で感想を一言言ってみてください。他に言える親の感想は次のようなものがあります。

- **That looks like fun.**（楽しそう。）
- **That looks exciting.**（楽しそう。）
- **That's amazing.**（素敵。）

参考
動画

赤ちゃんの喃語に 対する語りかけ方

 Track 75

赤ちゃんの成長段階を理解しよう

赤ちゃんは話せるようになるまで、大きく分けると4つの成長段階があります。勿論、個人差はあるので少し違う赤ちゃんもいらっしゃいます。(※)

生後すぐ	泣いたり、ぐずったりする時期。
生後2〜3ヶ月頃	この時期に、親が話しかける時、もしくは軽く遊んでいる時、赤ちゃんの「クーイング」(喃語)が始まります。クーイングは、母音で終わる一言の音のことです。「おー」や「あー」とかですね。
生後4〜9ヶ月頃	この時期に「バブリング」が始まります。クーイングとの違いは、バブリングは、赤ちゃんが発する音節や音の繰り返しだということ。「がーがー」など。
生後10〜12ヶ月頃	意識的に言葉(単語)を使い始める時期。「まま」(ママ)など。

参考動画

生後すぐの泣いている時

「どうしたの?」と聞く	抱っこする	抱っこしたら泣き止む	抱っこしても泣き止まない
What's wrong? どうしたの?	Come here. おいで。	There, there. よし、よし。	No? No huggie? あらら? 抱っこじゃなかったね。
What's wrong, my love? どうしたの、私の天使?	Daddy will hold you. パパが抱っこするよ。	There you go. よし、よし。	Are you hungry? お腹が空いたかな?
Oh no, what's wrong? あらら、どうしたの?	Come to Mommy's arms. ママの腕の中においで。	Is that nice? どう? これで気持ちいいかな?	Is your diaper wet? おむつが濡れたかな?

生後2〜9ヶ月頃

赤ちゃんの音を繰り返そう	赤ちゃんの喋りを褒めよう	普通の単語に触れさせよう
Ga! Ga! Ga! がー! がー! がー!	Ga! I love that sound! 「がー」だね! なんて素敵な音!	Ga! Tell me more. I'm very interested. 「がー」だね! もっと聞かせて。気になる!
"Ga"? Yes! Ga! Ga! 「がー」なんだ! そうだね! がー!	Ga! That's so beautiful! 「がー」だね! きれいな音!	Ga! Oh really! 「がー」か! そうなんだ!
"Ga"? I know! Ga! Ga! そうそう! 「がー」だね!	Ga! Everything you say is beautiful! 「がー」だね! ○○ちゃんが言うことは何でも可愛いね!	Ga! I know. がー! そうだね。

赤ちゃんが「話し始めたら」
こういう風に語りかけましょう

Track 76

168ページの「赤ちゃんの喃語に対する語りかけ方」というコラムで紹介したように、生後10〜12ヶ月頃は、意識的に言葉（単語）を使い始める時期です。つまり、例えば、ママを見ながら指さして「ママ」などを言えるようになります。その時期の、英語での語りかけをこちらでご紹介します。（※）

生後10〜12ヶ月頃

話したことを認めよう	話したことを褒めよう	話した単語について話そう
You said, "Mama"! 「ママ」と言ったね！	You're talking! You're talking! 話している！ 話している！	（trainと言われたら） "Train." You wanna ride a train? 「電車。」 電車に乗ってみたい？
"Dada"! That's me. Dada! 「パパ」と言ったね！ 私はパパだよ。パパ。 （自分の顔を指さしながら言う）	You said your first word! Great job! 初めて話したね！ やったね！	（dogと言われたら） "Dog." Ruff-ruff. Mommy loves dogs too! 「犬。」ワンワン。 ママも犬が大好き。
"Banana." Yes, banana. This is a banana! 「バナナ」。そうそう！ バナナよ。これはバナナ！	You're talking to Daddy! パパと 話しているじゃん！	（bye-byeと言われたら） "Bye-bye"? You wanna go bye-bye? 「バイバイ」？ バイバイしたい？

絵本の読み聞かせの時に 使える英語のパターン

Track 77

絵本の読み聞かせの時間は、小さなお子さんとその親にとっての貴重な時間です。おうち英語を実践されている多くの親御さんは日本語だけでなく、英語の絵本もおうちでたくさん読んでいます。

しかし、英語の絵本を読む時に、英語でどのような語りかけをすればいいのか、とよく聞かれます。私が皆さんに推薦している絵本の読み聞かせ方法（読む時の正しい語りかけ方・英語の絵本のベストな選び方など）は、レバイン式子育てにもちろん取り入れていますが、このコラムで絵本の読み聞かせの時間に使える英語のパターンをご紹介したいと思います。

パターン①

Look at the ⬚ !
ここに ⬚ がある（いる）ね！

直訳すると、「⬚ を見てみて」という意味になりますが、絵本を読み聞かせる時に、このパターンを使うと、「⬚ を見てみて！ ここに ⬚ がある（いる）ね！」というニュアンスになります。つまり、このパターンで今見ているページに描いてあるモノを楽しく示して、親のちょっとした感想を話すパターンです。

> ⋯⟶ Look at the little boy!
> ここに男の子がいるね！

> ⋯⟶ Look at the big house!
> ここに大きな家があるね！

パターン②

See how ⬚ this ⬚ is?
この ⬚ はとても ⬚ だね。

こちらもパターン①と同様に、ページに描かれている1つのモノを指して親の感想を少し話すパターンです。このパターンの文法は次のようになります。

See how 形容詞 this 名詞 is?

> ⋯⟶ See how tall this bear is?
> このクマはとても背が高いね！

> ⋯⟶ See how colorful this rainbow is?
> この虹はとてもカラフルだね！

本書で紹介した多くのパターンは、絵本の読み聞かせの時間にも使えるので、親子で絵本を読みながらぜひ使ってみてください。

chapter 4 自信をつけてあげたい時のパターン 8

57

Are you helping ⬜? / Thank you for helping ⬜.

⬜のお手伝いをしてくれているの？／
⬜のお手伝いをしてくれてありがとう。

 赤ちゃんの例文

Track 78

❶ Are you helping Mommy?

ママのお手伝いをしてくれているの？
（離乳食を食べ終わった後に食卓にあるお皿を1枚赤ちゃんが取ってくれた時）

❷ Are you helping Daddy?

パパのお手伝いをしてくれているの？
（パパが部屋を片づけている時）

❸ Are you helping Grandma?

ばぁばのお手伝いをしてくれているの？
（ばぁばが洗濯物を畳んでいる隣で赤ちゃんも洋服を触っている時）

❹ Are you helping your brother?

お兄ちゃんのお手伝いをしてくれているの？
（お兄ちゃんが何かを落として赤ちゃんが拾おうとしている時）

 何歳でも◎

❺ Thank you for helping Grandma.

ばぁばのお手伝いをしてくれてありがとうね。
（ばぁばのために何かを手伝ってくれる時）

年齢によって言い方を調整しよう

1つ目のパターンは「わ――！　○○ちゃん、手伝ってくれているの？　ありがとう」という意味もあり、なんとなく小さいお子さんに使うパターンです。ただ、年齢の少し上のお子さんも、手伝ってくれる時に、勿論感謝したいですし、その努力を認めてあげたいので、大きいお子さんには例文❺のように"Thank you for helping　　　　."と言ってください。

動詞を入れると更にレベルアップできる

例文❶、❸、❹なら

┈┈┈**Are you helping Mommy cook?**
　ママのご飯作りを手伝っているの？

┈┈┈**Are you helping Grandma fold the laundry?**
　ばぁばが洗濯物を畳むのを手伝ってくれているの？

┈┈┈**Are you helping your brother pick up his things?**
　お兄ちゃんが落としたものを拾うのをお手伝いしてくれているの？

第三者に使ってもいい

　　　　に入る人も、それ以外の人も、同じパターンを使えます。

┈┈┈**Are you helping Mommy cook?**

- パパはお子さんがママの料理の手伝いをしているのを見た時に使える
- ママ自身は「手伝ってくれてありがとう」という意味として使える

お礼や褒め言葉も加えてもOK！

お礼や褒め言葉も簡単に加えることができます。例文❶、❺なら

┈┈┈**Are you helping Mommy? Thank you!**
　ママのお手伝いをしてくれているの？　ありがとう！

┈┈┈**Thank you for helping Grandma.**
　That's wonderful!
　ばぁばのお手伝いをしてくれてありがとうね。素晴らしい！

参考
動画

173

58 Let's try [____]ing. / Why don't you try [____]ing ?

[____]をやってみよう。／[____]をやってみれば？

 赤ちゃんの例文

Track 79

❶ Let's try wav**ing** bye-bye.

バイバイしてみよう。

❷ Let's try clapp**ing** our hands.

手をパチパチしてみよう。

❸ Let's try stand**ing** up.

立ってみよう。（初めて立つ練習をする時）

 3歳〜◎

❹ Why don't you try do**ing** this puzzle (maze)?

このパズル（迷路）をやってみれば？

❺ Why don't you try read**ing** this book?

この本を読んでみれば？

チャレンジ精神を鍛える

"Let's try"なので、「トライ」という行動自体に注目します。うまくできたかどうかは関係なく、何かをやってみる大切さをお子さんに見せることのできるパターンです。赤ちゃんの頃からずっと子どもは毎日新しいことにチャレンジするので、チャレンジすることを恐れず、とりあえず頑張ってみる大切さを教えられます。そして、赤ちゃんは、手でパチパチすることやバイバイすることなどばかりをやっているので、新しい技を練習させたい時に、このパターンが使えます。

 "Let's ▢▢▢▢▢."と"Let's try ▢▢▢▢ing"の違いが大事!

"Let's try taking a nap."と"Let's take a nap."(tryなし)は意味が若干違います。tryなしのパターンは「しようね」という意味があり、ほぼ確定していることを示します。"Let's try ▢▢▢▢▢." は、うまくできないかもしれないけどやってみるという意味です。例えば

> **Let's take a nap.** (昼寝しようね。)
>
> ＊昼寝をすることは決まっている
>
> **Let's try taking a nap.** (昼寝をしてみよう。)
>
> ＊機嫌が悪くて、昼寝してみてほしい時に言う
>
> ＊全然寝てくれそうにないけど「やってみるだけやってみよう」という気持ちで

 "Let's challenge ▢▢▢▢▢."はNG

日本では"Let's challenge ▢▢▢▢▢."という英語をよく耳にしますが、間違った英語になるので、「○○にチャレンジしよう」と言いたい時には"Let's try ▢▢▢▢ing."に言い換えましょう。

> ✕ Let's challenge getting on the swing.
>
> ○ Let's try getting on the swing. (ブランコに乗ってみよう。)

> ✕ Why don't you challenge this puzzle (maze)?
>
> ○ Why don't you try doing this puzzle (maze)?
> (このパズル(迷路)をやってみれば?)

参考動画

175

59 Are you trying to [ ] ?

[ ] をしようとしているかな？

 赤ちゃんの例文

Track 80

❶ Are you trying to roll over?

寝返りしようとしているかな？

❷ Are you trying to stand up?

立とうとしているかな？

❸ Are you trying to tell Daddy something?

パパに何かを言おうとしているかな？

 3歳〜◎

❹ Are you trying to open that?

それを開けようとしているかな？

❺ Are you trying to read this book by yourself?

1人でこの本を読もうとしているかな？

努力を認めよう！

人間は0歳から新しい挑戦をしようとします。理想の話をすると、大人になってからでも常に新しいチャレンジができたらベストですが、残念なことに途中で自信をなくしたり、時間がないせいにして諦めたりすることが多いですね。しかし、チャレンジ精神がないと社会としても新しい革命を起こせないし、人の成長も止まります。

"Are you trying to ⬚⬚⬚⬚⬚?"というパターンは努力自体を認めるパターンです。「〇〇をしようとしているかな？」という訳ですが、ニュアンスは「〇〇をしようとしているの？　手伝おうか？」とか「〇〇をしようとしているの？　大変そうだね」、「〇〇をしようとしているの？　すごいね」なども含まれます。

 自信をつけるためには更にこれを言おう！

お子さんが何かをしようとしているので、"Are you trying to ⬚⬚⬚⬚⬚?" を言った後に、次のようなフォローもできます。

フォロー1 「手伝おうか？」と聞いてあげる

Do you need help?（手伝おうか？）
Let Mommy / Daddy help you.（ママ／パパが手伝うよ。）

フォロー2 大変そうであることに共感してあげる

That looks hard.（難しそうね。）
That looks tough.（難しそうね。）

フォロー3 努力を褒める

That's amazing!（すごい！）
That's wonderful!（すごい！）

218ページに英語で褒める時によく使う形容詞の一覧を掲載しています。ご参照ください。

参考動画

図鑑の読み聞かせの時に 使える英語のパターン

Track 81

図鑑は、普通の絵本と違ってストーリーがないので、どういう語りかけをすればいいのか、日本語でも迷いませんか？　私も、あまり考えないで親子で図鑑を一緒に読んでいると、気づかないうちに同じような語りかけになりがちだなと感じたことがあります。

そのマンネリ化したルーティンから脱却できるように、このコラムを書きました。思考力や意見を言えるようになる力にもつながる、図鑑の読み聞かせの時に使える英語のパターンをご紹介します！

パターン①
Wow! Look at all the ☐☐☐！
すごい！　いろんな☐☐☐がある（いる）ね！

空欄に入る英単語は、そのページのテーマに合わせて入れればいいです。例えば、
Wow! Look at all the cars!（すごい！　いろんな車があるね！）
Wow! Look at all the dinosaurs!（すごい！　いろんな恐竜がいるね！）

パターン②
This one is ☐☐☐. And this one is ☐☐☐.
こっちは☐☐☐。こっちは☐☐☐。（形容詞を入れる場合）

種類を比較したい時に使える便利なパターンです。簡単な形容詞を入れるだけでOKです。例えば、
This one is big. And this one is small.（こっちは大きい。こっちは小さい。）
This one is red. And this one is blue.（こっちは赤。こっちは青。）
"this one"を言う時には、必ず指さしてください。

パターン③
This one is ☐☐☐ing. And this one is ☐☐☐ing.
こっちは☐☐☐している。こっちは☐☐☐している。（動詞を入れる場合）

パターン②に似ていますが、このパターンには動詞を使います。例えば、
This one is running. And this one is sitting.（こっちは走っている。こっちは座っている。）
This one is relaxing. And this one is working.（こっちはリラックスしている。こっちは仕事をしている。）

今度図鑑を読む時に、ぜひこのパターンを使ってみてください。

愛情を示して
あげたい時の
パターン4

60 Is this for Mommy / Daddy / me? It's a /an ⬜. Thank you!

これをママ／パパ／私にくれるの？　⬜だね。ありがとう！

 赤ちゃんの例文

 Track 82

❶ <u>Is this for Mommy?</u> It's your teddy bear. <u>Thank you!</u>

これをママにくれるの？　あなたのぬいぐるみね。ありがとう！

❷ <u>Is this for Daddy?</u> It's a ball. <u>Thank you!</u>

これをパパにくれるの？　ボールだね。ありがとう！

❸ <u>Is this for Mommy?</u> It's a rock. <u>Thank you!</u>

これをママにくれるの？　石だね。ありがとう！

 3歳〜◎

❹ <u>Is this for me? It's a</u> beautiful necklace. <u>Thank you!</u>

これをくれるの？　きれいなネックレスだね。ありがとう！

❺ <u>Is this for me? It's a</u> gorgeous picture. <u>Thank you!</u>

これをくれるの？　きれいな絵だね。ありがとう！

アイシャの子育て体験談

赤ちゃんの「はいどうぞ」の時期は可愛いですね。石でも砂でも、何でも発見したモノをすぐに親に見せたり、あげたりしますね。アレックスが生まれた時には、もらったモノを全部大事に取っておこうと思っていましたが、数が多くて途中でわからなくなりました。

このパターンは小さいお子さんから何かをもらった時に使えます。ニュアンスとしては「わー、嬉しい！　○○をもらうなんて。ありがとう！」になるのでサプライズでもらった意味も含まれます。また、プレゼントをもらった時やちょっとしたモノを赤ちゃんに渡された時に、お子さんの自己肯定感を高めるために使えるパターンでもあります。

 言い方のコツ

声やイントネーションを変えずに"Is this for me? It's a _____. Thank you!"と言うと、ちょっとフェイクのように聞こえるので、

Track 83

- "Is this for me?"の"me"で声のトーンを明るく上げましょう（「まさか、これ、私のため？」という意味）。
- Thank you!も少し声のトーンを明るく上げましょう。そして、ゆっくり言いましょう。日本語なら「あーりーがーとー！」のようなイメージです。

公園で拾った石も、幼稚園で作ってくれた名作も、「愛を込めて」親のために持ってきてくれたものです。ですので、このように大きいリアクションでぜひ驚いて感謝しましょう。

参考動画

61 You used to ___.

昔はあなたは ___ をしていた。

 赤ちゃんの例文

 Track 84

❶ You used to kick Mommy when you were in Mommy's tummy.
お腹にいた時に、あなたはよくママを蹴っていた。

❷ You used to cry whenever Mommy changed your diaper.
前は、あなたはおむつを替えた時によく泣いていた。

 何歳でも◎

❸ You used to fit in my arm like this.
昔、あなたはママ／パパの腕に入れる大きさだったのに。

❹ You used to giggle whenever we changed your clothes.
昔、あなたは着替えさせてもらった時に、よく笑っていた。

❺ You used to sleep next to Daddy every night when you were a baby.
あなたは赤ちゃんの時、毎晩パパの隣で寝ていた。

❻ You used to grab my finger with your tiny hand.
あなたは昔、小さな手でよくママ／パパの指を掴んでいたね。

「アイデンティティ」につながる大事なパターン

このパターンを使うことによって、お子さんの歴史（今までの人生・今までの経験など）を楽しく振り返ることができます。「自分にもユニークで素敵な歴史がある」と気づかせ、自らのアイデンティティ形成につながる大事なパターンです。この「アイデンティティ意識」から自己認識が生まれ、最終的に自己肯定感の基礎になります。ですので、お子さんが何歳になってもぜひ"You used to _____."を使ってみて、お子さんのすべてが好きで受け入れる姿勢を示しましょう。

経過を褒める時に使えるパターン

このパターンは前提として「前は〇〇をしていたけど、大きくなってもう卒業したね」というニュアンスを含みます。ですのでお子さんの日頃の成長を褒める時にも使えます。褒めたい時に、次の通り、後ろに一言つけ加えてみましょう。

例文❷

You used to cry whenever Mommy changed your diaper.

前は、あなたはおむつを替えた時によく泣いていた。

⋯⋯▷ **You used to cry whenever I changed your diaper.**
   Now you never cry. You're getting so big.

前は、おむつを替えた時によく泣いていたけど、もう泣かないね。大きくなったね。

例文❺

You used to sleep next to Daddy every night when you were a baby.

あなたは赤ちゃんの時、毎晩パパの隣で寝ていた。

⋯⋯▷ **You used to sleep next to Daddy every night when you were a baby.** Now you can sleep all by yourself!

赤ちゃんの時、毎晩パパの隣で寝ていたのに、今は（立派なお姉さん・お兄さんになって）1人で寝られるようになった！

参考
動画

62 Look at this 　　　　 !

この 　　　 を見て！（この 　　　 は可愛すぎて大好き！）

 赤ちゃんの例文

Track 85

❶ <u>Look at this</u> foot!

この足を見て！（この足は可愛すぎて大好き！）

❷ <u>Look at this</u> finger!

この指を見て！（この指は可愛すぎて大好き！）

❸ <u>Look at this</u> smile!

この笑顔を見て！（この笑顔は可愛すぎて大好き！）

＊"This"は話し手の近くにあるモノを示しますが、「笑顔」の場合はお子さん（聞き手）の近くにあります。そのた
め、"Look at this smile."とお子さんに言いながら、軽く口元の近くに手を当てればいいです。

 何歳でも◎

❹ <u>Look at this</u> hair! It's so beautiful.

この髪を見て！　とてもきれいね。

（お子さんの髪にくしを通しながら）

❺ <u>Look at this</u> big arm! You were so tiny when you were a baby.

その大きな腕を見て！　赤ちゃんの時はあんなに小さかったのに。

よく使う愛情表現のパターン

このパターンを直訳すると「この○○を見て」という意味ですが、ネイティブの親がこれを言うのは愛情を見せるためです。「見て！　あなたってこんなに可愛いよ！」のようなニュアンスになります。なので、声を高めにしてお子さんの目を見ながら大きな笑顔で言ってみましょう。赤ちゃんの場合は、親子2人でぼーっとしている時に急に言ってみてもいいと思います。いつでも使える愛情のパターンです。

 ## 更にネイティブっぽくする方法

"Look at this ＿＿＿＿＿！"を言う時、冒頭に"Just"という単語を入れることが多いです。意味は全く同じですがどれだけ好きかを強調できます。例えば例文❶、❷なら、

> Track 86

⋯⟩ Just look at this foot!

この足を見て！　この足は可愛すぎて大好き！　なんて可愛い足！

⋯⟩ Just look at this finger!

この指を見て！　この指は可愛すぎて大好き！　なんて可愛い指！

 ## 大きいお子さんの場合は

より大きいお子さんに対しても「この足が可愛いね」と言えますが、性格次第で嫌がるお子さんもいらっしゃいます。その場合、例文❹と❺のように、何かをしながらお子さんの素晴らしい成長を振り返るかのように言ってみてもいいですね。

例文❹ **Look at this hair! It's so beautiful.**

この髪を見て！　とてもきれいね。

（お子さんの髪にくしを通しながら話し、「とてもきれいな髪が生えてきたね」のような意味になる）

参考
動画

63 It's your first time ▢▢ing!

初めて ▢▢ しているね！

赤ちゃんの例文

Track 87

❶ <u>It's your first time</u> walk<u>ing</u>!
初めて歩いているね！

❷ <u>It's your first time</u> play<u>ing</u> with a friend!
初めてお友達と遊んでいるね！

❸ <u>It's your first time</u> try<u>ing</u> sweet potatoes!
初めてサツマイモを食べているね！

6歳〜◎

❹ <u>It's your first time</u> go<u>ing</u> outside by yourself!
初めて1人で外に行くね！

❺ <u>It's your first time</u> rid<u>ing</u> a bike without training wheels!
初めて補助輪なしで自転車に乗っているね！

毎日を特別にしてくれるパターン

子どもは恐ろしいペースで新しい技を覚えます。ネイティブの親はそんな日頃の成長を褒める時に"It's your first time   ing."というパターンをよく使います。初めてやったことを褒めるパターンなので、言った後に褒め言葉を加えれば更に効果的です。

It's your first time walking! Good job!

⋯⋰ 初めて歩いているね！　素晴らしい！

It's your first time wearing shoes! They look great!

⋯⋰ 初めて靴を履いているね！　似合ってる！

 現在形と過去形があるパターン

"It's your first time   ing!"の冒頭は"It's"（現在形）なので使うタイミングは何かをしている最中です。そして、終わった後は、"It's"を"It was"に替えて過去形にすればいいです。

例文❺

It's your first time riding a bike without training wheels!

初めて補助輪なしで自転車に乗っているね！

⋯⋰ **It was your first time riding a bike without training wheels!**

初めて補助輪なしで自転車に乗っていたね！

参考
動画

おうち英語の教材を使う時に 語りかけるパターン

Track 88

おうち英語を実践されている多くの親御さんが、YouTubeやおうち英語コミュニティ、通信教材などを使用されていると思います。そういった教材を使う時に語りかけられる英語のパターンもシェアしたいと思います。ぜひこちらを使ってみてください。

DVDやYouTubeで音楽を聞く時

Let's put on ▢▢▢▢. ○○をかけよう（音楽など）。

Let's put on some music and dance. 音楽をかけて踊ろうね。

Let's put on this DVD. このDVDをかけよう。

Let's put on this CD and sing along. このCDをかけて一緒に歌おう。

Let's put on your favorite song. 大好きな歌をかけよう。

Let's put on that song about birds. あの鳥の歌をかけよう。

Let's put on one of Ms. Rachel's songs.

ミス・レイチェルの歌をかけよう。

YouTubeを観る時

Let's see what's new on (with) ▢▢▢▢. ○○の最新動画を見てみよう。

Let's see what's new on Ms. Rachel's channel.

ミス・レイチェルの最新動画を見てみよう。

<u>Let's see what's new with</u> Ryan! ライアンの最新動画を見てみよう。

オンラインコミュニティのイベントに参加する時

These kids want tó talk about 〇〇〇〇. Let's join them!
お友達はみんな〇〇について話したいんだって。一緒に話そう!

<u>These kids want to talk about</u> dinosaurs. <u>Let's join them!</u>

お友達はみんな恐竜について話したいんだって。一緒に話そう!

<u>These kids want to talk about</u> animals. <u>Let's join them!</u>

お友達はみんな動物について話したいんだって。一緒に話そう!

It's 〇〇〇〇 time! The teacher is going to 〇〇〇〇.
〇〇の時間!　先生が〇〇してくれる。

<u>It's story time! The teacher is going</u> to read us a story.

絵本の時間!　先生が絵本を読んでくれる。

<u>It's phonics time! The teacher is going to</u> teach us phonics.

フォニックスの時間!　先生がフォニックスを教えてくれる。

<u>It's dancing time! The teacher is going to</u> sing a song. Let's dance along.

踊りの時間!　先生が歌を歌ってくれるから一緒に踊ろう。

可愛い！ ネイティブの幼児が
発音できない英語

小さな子どもが言葉を覚え始めた頃、言おうとした言葉をどうしても言えない時に、代わりに言った言葉があまりに可愛くて、微笑んでしまうことはありませんか？ 日本に初めて来た頃、2歳児の「おちゅち」を聞いた時に、可愛すぎて心がとろけました。

英語でも、同じようなことは起きます。親として、子どもが言葉を上手に発音できないと少し戸惑うこともあります。ですが、健全な成長段階の1つだと気づくと、その心配は急に「あ！ わが子、可愛い！」という気持ちに変わりますね。

ここでは、多くのネイティブの小さな子どもがよく間違える、中々発音できない可愛い英語をご紹介したいと思います。次の表にまとめてみました。この表はおうち英語とはあまり関係ないと思いますが、ネイティブの親としてどうしても皆さんにシェアしたいと思い書かせていただきました。

日本語	正しい英語	幼児が使う英語	間違いの内容
パスタ	spaghetti	pasghetti	"spa"と言えず"pas"と言う
愛する	love	wuv	"l"と"r"が言いづらくて"w"になる
うさぎ	rabbit	wabbit	
赤	red	wed	
歯	tooth	toof	"th"が言いづらくて"f"になる
考える	think	fink	
動物	animal	aminal	"m"と"n"を入れ替える
黄色	yellow	yeyo	"l"が言いにくいので"y"になる

気持ちについて
一緒に
話したい時の
パターン7

64 This is such a nice ⬚.

なかなか素敵な ⬚ だね。

 赤ちゃんの例文

 Track 89

❶ <u>This is such a nice</u> day.

なかなか素敵な1日だね。
（親子で出かけている時）

❷ <u>This is such a nice</u> morning.

なかなか素敵な朝だね。
（家で朝、親子でのんびりしている時）

 何歳でも◎

❸ <u>This is such a nice</u> family day.

なかなか素敵な家族の1日だね。

❹ <u>This is such a nice</u> morning. I love relaxing with you.

なかなか素敵な朝だね。○○ちゃんと一緒にのんびりするのが大好き。

❺ <u>This is such a nice</u> lunch. The food is so good here.

なかなか素敵なランチだね。美味しいね。
（レストランなどで）

天気だけじゃないパターン

"This is such a nice day."と聞くと、もしかすると、「今日はいいお天気ですね」という意味をイメージされる方がいらっしゃるかもしれません。実は天気以外でも使えます。今回例文❶で紹介したパターンのニュアンスはどちらかというと天気よりも、「親子で過ごしている時間」自体が素敵という意味です。つまり、このパターンは愛情の表現として使われることが多いです。

 気持ちの表現力を高められるパターン

このパターンを使うことによって、親が自分の気持ちを言葉にして伝える見本をお子さんに見せることができます。197ページでもお話ししていますが、親が、自分の気持ちを理解していることを子どもに見本として見せることは、お子さんの将来の自分の気持ちとの向き合い方に大きく影響します。ですので、1日の中で何回もこのパターンを使ってみてください。

→197ページをチェック!

 バリエーション豊富なパターン

参考動画のように、このパターンにはいくつかバリエーションがあります。

suchなしのバリエーション

例文❶ This is such a nice day.

⋯⋯ This is a nice day.

It's a niceに替えるバリエーション

例文❷ This is such a nice morning.

⋯⋯ It's a nice morning.

What a niceに替えるバリエーション

例文❸ This is such a nice family day.

⋯⋯ What a nice family day.

参考動画

65 This is gonna be ⬜.

きっと、⬜だね！

 赤ちゃんの例文

Track 90

❶ This is gonna be yummy.

きっと、美味しいね。（おっぱいを飲む前や離乳食を食べる前に言う）

 何歳でも◎

❷ This is gonna be relaxing.

きっと、気持ちいいね。（お風呂に入る前、もしくはお散歩に行く前に言う）

❸ This is gonna be fun.

きっと、楽しいよね。
（公園に行く前やボール遊びなどの楽しそうな遊びをする前に言う）

❹ This is gonna be cool.

きっと、楽しいよね。（遊園地などのようなテンションがあがりそうなところに入る前やボール遊びなどをする前に言う）

❺ This is gonna be good.

きっと、美味しいよね。（"yummy"は赤ちゃん言葉でもあるので、"good"もしくは"delicious"の方が何歳でも使える）

このパターンのニュアンスは「わー!　楽しみ!」。正確に言うと、まだ試していないことを想像し、どう感じられるかを説明するパターンです。「想像」なので1日中いつでも使えます。このパターンを使うことによって、意見を楽しく伝えている親の姿が見本になります。いろんな意味でとても便利なパターンです。ただ、"this"を使っているので、近くにあるもの、近い将来の話についてのみ使えるということに注意しましょう。

 ネ ガ テ ィ ブ な 気 持 ち を 伝 え る 時

子育ての中で、赤ちゃんにネガティブなことをたくさん話したくないので、このパターンは、ポジティブな時に使うことが多いです。ただ、何かが難しそうな時などのようなネガティブな気持ちをお子さんに話したい時には、「頑張ります」などのようなフォローも入れればいいです。例えば、

> ×This is gonna be hard.（これ、難しくなりそうだね。）

こちらのニュアンスは「想像だけで難しそう」となり、ネガティブな気持ちを伝えていますよね。お子さんの忍耐力をつけるためには、ネガティブな気持ちを言った後に、こういうことを言ってみましょう。

> ×This is gonna be hard.（これ、難しくなりそうだね。）
> ○This is gonna be hard. Daddy's gonna try hard!

（これ、難しくなりそうだね。パパが頑張るぞ!）

66 Mommy / Daddy is so _____.

私（ママ／パパ）の今の気持ちはとても_____。

 赤ちゃんの例文

Track 91

❶ <u>Mommy is so</u> sleepy. I'm sleepy, sleepy.
ママはとっても眠い。眠い。眠い。

❷ <u>Daddy is so</u> hungry. I'm hungry, hungry.
パパはとってもお腹ペコペコ。お腹ペコペコ。お腹ペコペコ。

 3歳〜◎

❸ <u>Mommy is so</u> happy. Because I love you!
ママはとっても嬉しいな。だってあなたが大好きだから！

❹ <u>Daddy is so</u> tired. We took a long walk today.
パパはとっても疲れたな。今日は長い散歩に行ったからね。

❺ <u>Daddy is so</u> cold. It's getting really cold out.
パパはとっても寒いね。外はすごく寒くなっているね。

❻ <u>Mommy is so</u> excited. Tomorrow I'm going to see my friend.
ママは明日友達に会うのをとても楽しみにしている！

自己感情制御につながるパターン

「こんなシンプルな英語って何か意味があるの?」と疑問に思われる親御さんもいらっしゃると思いますが、実はとっても意味のあるパターンです。

アメリカに社会性情動の学習(social and emotional learning、略:SEL)という学習分野があります。SELの最終目的は、自分を知り(健全なアイデンティティ思考を持つ)、感情を管理し、他者の気持ちを想像して行動し、健全な人間関係を築くことです。その能力をより築けるようにさせるためには、親自身も家で同じようにSELを家で実施し、自分の感情を理解しようとしている見本をお子さんに見せることが大事だと発表されています。(※)

このパターンを使うのは、お子さんの英語のインプットというよりも、「自分の気持ちと建設的に向き合う」大人の見本をお子さんに見せることができるからです。目からウロコだと思いますが、とても大事なパターンです。(※)

年齢次第で調整

例文❸～❻のように"Mommy / Daddy is so ___."を言った後に、なぜその気持ちでいるかをぜひ詳細に話しましょう(親の英語力が許す限り)。これは0歳からできることなので、とにかく親御さんも自分の気持ちについて話すことが大事です(何語でも)。

こういうバリエーションもある

"Mommy / Daddy is so ___."のバリエーションを1つご紹介します。ニュアンスはまったく同じなので、まず自分にとって言いやすいパターンを選び、そのパターンに慣れるまでずっと使い続けることをおすすめします。

Mommy / Daddy is feeling ___.

ママ/パパの今の気持ちは○○。

空欄に入れる英単語は、"Mommy / Daddy is so ___."というパターンと同様の気持ちの形容詞です。気持ちの形容詞の一覧表は230ページにあるのでご参照ください。

→230ページをチェック!

67 Everybody gets _____ sometimes.

誰でも _____ な気持ちになるよ。

 何歳でも◎

❶ Everybody gets sad sometimes.

誰でも悲しい気持ちになるよ。

❷ Everybody gets mad sometimes.

誰でも怒っている気持ちになるよ。

❸ Everybody gets jealous sometimes.

誰でも嫉妬する気持ちになるよ。

❹ Everybody gets scared sometimes.

誰でも怖い気持ちになるよ。

❺ Everybody gets grumpy sometimes.

誰でも機嫌が悪くなるよ。

気持ちに「名前」をつける大切さ

197ページでは、親の気持ちを子どもに伝える大切さについて少しお話ししました。この考えは、197ページで紹介した社会性情動の学習（SEL）にあり、親子のメンタルの健康にとってあまりにも大事なので、このSELはレバイン式子育ての基礎の1つでもあります。SELの最終的な目的は自分の感情を理解し、自己認識を深め、周囲の人々への思いやりを深めることです。

SELの構成は深いですが、1つの要素は「自分の抱えている気持ちを否定しない」ことです。自分の気持ちに「名前」をつける大切さを教えてくれる教育法でもあります。ですので、「怒り」や「嫉妬」などのようないわゆるネガティブな気持ちも自分の一部として受け入れて、どういう気持ちであるかをはっきり理解できるようにあえてその気持ちの名前をお子さんに言わせてみましょう。

 使う場面

日本にSELはまだ浸透していないため、こういうパターンを使う場面かどうかが判断しにくいと思うので、アイディアをシェアしますね。

例文❶ **Everybody gets sad sometimes.**

場面：お子さんが外で遊んでいる時に、悲しそうな顔をしている時

┈┈┈╲ **Are you sad? It's okay, everybody gets sad sometimes.**

（悲しいかな？ 大丈夫。誰でも悲しい気持ちになるよ。）

例文❷ **Everybody gets mad sometimes.**

場面：お子さんが友達から何かを突然取られて、怒った顔をしている時

┈┈┈╲ **Did you get mad because your friend took your toy? Everybody gets mad sometimes – even Daddy.**

（友達からおもちゃを取られて怒った？ 誰でも怒るよ。パパでも怒る時はある。）

68 Poor ☐☐☐☐☐☐.

☐☐☐☐☐☐は可哀想。

Track 93

赤ちゃんの例文

❶ <u>Poor</u> Sayuri. She looks sad.

サユリちゃんは可哀想。悲しそうね。

（絵本でサユリという子どもが悲しむ時）

❷ <u>Poor</u> Daddy. He's carrying something heavy.

パパは可哀想。重いものを運んでいるね。

❸ <u>Poor</u> teddy bear. We lost him.

テディベアは可哀想。無くしちゃったね。

何歳でも◎

❹ <u>Poor</u> children. They need to move to a new country.

この子どもたちは可哀想。新しい国にお引っ越ししないといけないね。

（ニュースなどに避難している子どもが出る時など）

❺ <u>Poor</u> panda. He's sick.

このパンダは可哀想。病気みたいね。

（ニュースでパンダが風邪をひいたなどの話がある時）

エンパシーを教えるパターン

この"Poor ___."というパターンは、お子さんにエンパシーを教える非常に大事なパターンです。エンパシーは自分とは違う人（違う価値観の人でも）を見て、「その人はどう感じるか？」を想像する力です。21世紀のグローバルなキーワードであり、子育てだけでなく、ハーバードビジネススクールを始め、様々な機関で教えられている能力の1つです。

エンパシーは0歳から日頃の接し方によって、いろんな方法で赤ちゃんに教えられます。その方法の1つはこのパターンを日頃使うことです。なぜかというと、例えば、例文❶の"Poor Sayuri. She looks sad."のように、絵本を読む時に、登場人物の気持ちを想像しながら会話できるからです。

 ニュースを観ながらも

また、例文❹の"Poor children. They need to move to a new country."のように、ニュースで苦しんでいる人が出たら言ってみましょう。お子さんに対して"Poor kids."と一言話すだけでも、親がエンパシーの見本を見せられます。ですので、ニュースを見ながら使いやすいパターンです。

 これもできる！

このパターンを言った後に、何らかの形で親子で行動をとれば、なおさらエンパシーの学びにつながります。例えば、

> ## Poor little girl. She fell off the swing. Let's go help her!
> （あの女の子、可哀想。ブランコから落ちたね。助けに行こう！）

のようにです。

69 You look [____].

[____]に見える。

 赤ちゃんの例文

Track 94

1 <u>You look</u> sleepy.
眠そうに見える。

2 <u>You look</u> sad.
悲しそうに見える。

 何歳でも◎

3 <u>You look</u> tired after playing outside all day.
1日外で遊んでいて疲れたように見える。

4 <u>You look</u> excited to go outside.
外に行きたくてワクワクしているように見える。

5 <u>You look</u> happy to go shopping with Daddy.
パパと買い物に行くのを楽しみにしているように見える。

エンパシーを育むパターン

201ページにも書いたように、自分の気持ちと異なる、相手の気持ちを想像することこそが子育ての中で伸ばしたい非常に大事なスキルです。親御さんはお子さんなどを見て「きっとこういう気持ちかもしれない」と伝えることによって、相手の気持ちについて考える見本を見せられるようになります。なので、お子さんの表情を見ながら、このパターンを使ってみましょう。 →201ページをチェック!

 第三者の話にも使おう

参考動画のように、第三者の話をする時にも使えます。例えば……

> ママが1日の仕事の後に帰ってきた時、パパはこのように子どもに言えます。
>
> **Mommy looks tired. She worked hard today.**
> （ママは疲れたみたいね。1日たくさん働いたからね。）
>
> パパが誰かと楽しそうに電話で話している時にママはこのように子どもに言えます。
>
> **Daddy looks excited. I wonder what he's so excited about.**
> （パパは楽しそうな顔をしている。なんでかな?）

chapter 6 気持ちについて一緒に話したい時のパターン7

参考動画

70 How are you feeling? Are you ⬚ ?

今、どんな気分？　　⬚な気分かな？

 赤ちゃんの例文

 Track 95

❶ How are you feeling? Are you excited?

今、どんな気分？　ワクワクする気分かな？

・・

❷ How are you feeling? Are you tired?

今、どんな気分？　疲れた気分かな？

（1日の最後に、もしくはお出かけから帰ってきた後に）

・・

❸ How are you feeling? Are you sleepy?

今、どんな気分？　眠い気分かな？

（たくさん食べてお目々が閉じてしまいそうな時）

・・

 何歳でも◎

❹ How are you feeling? Are you nervous about your lesson?

今、どんな気分？　習い事について緊張している気分かな？

・・

❺ How are you feeling?
Are you happy because you played with your friends?

今、どんな気分？　友達と遊んで幸せな気分かな？

・・

気持ちについて話せるパターン

今回の"How are you feeling? Are you ＿＿＿＿＿?"は、もっと広くお子さんの気持ちについて考えさせ、親子で話し合えるパターンです。

230ページに気持ちを表す形容詞の一覧表を掲載しています。日頃、親子でお互いの抱えている気持ちについて話し合う時には、この一覧表からその時の気持ちに合う形容詞を使ってください。

日頃の子育ての中でこのパターンを使って、いろんな気持ちについて親子で話してみましょう!

jealousという単語を使う大切さ

私の経験で言うと、普段、気持ちについて子どもと話す時に、同じ気持ちを表す単語を使いがちのような気がします。例えばsad（悲しい）やhappy（嬉しい）、sleepy（眠い）、tired（疲れた）ですね。実はレバイン式子育てのフレームワークで私が生徒さんに教えている、人間が持ちうる気持ちの数はなんと30個もあります。

「気持ちはたくさん存在するよ。どんな気持ちでもあなたのことを絶対に否定しないからね」と日頃、親御さんはお子さんに対してこのように話すことによって、お子さんも少しずつ自分の気持ちについて話せるようになり、そのうちに、いじめなどにあったら、より早く相談できることともあるでしょう。

30個の気持ちをこちらですべて紹介することはできませんが、日頃、多くのお子さんがよく抱えている気持ちは"jealousy"（嫉妬）です。

ママ／パパが他の子どもを褒めたり抱っこしたりすると、多くの子どもはやはり嫉妬します。嫉妬して泣くお子さんもいらっしゃいますし、急に静かになるお子さんもいらっしゃいます。その気持ちの表し方は様々ですが、もしお子さんが嫉妬しているのかなと親御さんとして思っていたら、"How are you feeling? Are you feeling jealous?"と聞いてみてください。

参考
動画

親子で、英語で気持ちについて話そう！

Track 96

204ページでは、"How are you feeling? Are you ［　　　］?"というお子さんの気持ちを聞くパターンを紹介しました。お子さんの気持ちを聞いた時に、その答え次第で次のような英語のパターンを使って話を続けることができます。

ポジティブな気持ちの時に使うパターン

You're feeling ［　　　］? That's great!
○○の気分なんだ！　それはよかった！

⋯⋮ **You're feeling happy? That's great!**
　　嬉しい気分なんだ！　それはよかった！

⋯⋮ **You're feeling excited? That's great!**
　　ワクワクした気分なんだ！　それはよかった！

ネガティブな気持ちの時に使うパターン

You're feeling ［　　　］? Oh, no. Why?
○○な気分なんだ。そうか。なんでか教えてくれる？

⋯⋮ **You're feeling sad? Oh, no. Why?**
　　悲しい気分なんだ。そうか。なんでか教えてくれる？

⋯⋮ **You're feeling jealous? Oh, no. Why?**
　　嫉妬してる気分なんだ。そうか。なんでか教えてくれる？

親が独り言を
言う時の
パターン5

71 This is very [____].

これ、とても [____] だよ。

 赤ちゃんの例文

 Track 97

❶ This is very spicy.
これ、とても辛い。（親が辛いものを食べている時）

❷ This is very heavy.
これ、とても重い。（親が洗濯物のカゴなどを持っている時）

❸ This is very tasty.
これ、とても美味しい。

 何歳でも◎

❹ This is very interesting.
これ、とても面白い。
（親が映画を観ながら、ニュースを観ながら、本を読みながらお子さんに言う）

❺ This is very sticky.
これ、とてもベタベタする。（親がもちなどを食べる時）

赤ちゃんには繰り返してみよう

赤ちゃんにとっては何を言っても新しい学びになるので、このパターンで使った形容詞をもう1回ゆっくり繰り返すことも多くのネイティブの親がやっているコツです。ジェスチャーなども加えることが多いです。例えば例文❶、❷、❸なら…

繰り返し

⋯⋯⟩ **This is very heavy. Heavy. Heavy.**

（これ、とても重い。重い。重い。）

ジェスチャー

⋯⋯⟩ **This is very spicy. Ouch! Ouch! Spicy!**

（これ、とても辛い。痛い！ 痛い！ 辛い！（手を口の方に近づけて「辛い！」のようなジェスチャーをする））

⋯⋯⟩ **This is very tasty. Mmmmm. Yummy.**

（これ、とても美味しい。んんんん。美味しい。（お腹が満足しているかのようにお腹を触りながら言う））

 一日中使える

"This is very ___."はとても簡単な英語のパターンですが、親の感想なので1日中使えます。使うことによって、勿論、お子さんの英単語力もあがりますし、親が意見を持つ見本をお子さんに見せることができる便利なパターンです。

参考動画

72 We're almost done ____ing.

____はすぐに終わるよ。

 赤ちゃんの例文

Track 98

❶ We're almost done shopping.

買い物はすぐ終わるよ。

❷ We're almost done changing your diaper.

おむつ替えはすぐ終わるよ。

 何歳でも◎

**❸ We're almost done playing at the park.
Just a few more minutes, okay?**

公園遊びはもうすぐ終わりよ。あと数分だけね、いい？

❹ We're almost done reading the story. Just a few more pages.

もうすぐ絵本を読み終わる。あと数ページだけね。

❺ We're almost done cleaning up. Just a few more toys.

もうすぐ片づけが終わる。あと何個かのおもちゃね。

子どもがグズり始めたら使える！

スーパーなどで買い物している時に、お子さんが「いつ帰るの？　もういやだ」と言ったり、赤ちゃんの場合は、飽きてしまって泣いたりしますよね。その時に「もうすぐ終わるから、もう少しだけ待っててね」と言う場合に、このパターンを使えます。

買い物中

…⋰ **We're almost done** shopping. Hold on a little.

買い物はすぐ終わるよ。もう少しだけ待っててね。

おむつ替え中

…⋰ **We're almost done** changing your diaper. Just a minute.

おむつ替えはすぐ終わるよ。もう少しだけ待っててね。

食事中

…⋰ **We're almost done** eating. Just one more bite!

昼ご飯はすぐ終わるよ。あと一口だけ！

 時間の要素を入れてもいい

より大きなお子さんの場合は、時間の要素を最後に加えることによって、親子の英語でのコミュニケーションもより活発になります。

例文 ❸

We're almost done playing at the park. Just a few more minutes, okay?

もちろん、赤ちゃんと話す時にも時間の要素を入れてもいいです。ですが、より大きいお子さんの場合は、時間をより理解できているので、時間の要素を入れると、もっと活発な会話ができるようになります。

73 Oops! Mommy / Daddy / I forgot the ⬜.

あらら。ママ／パパ／私は ⬜ を忘れちゃった。

 赤ちゃんの例文

 Track 100

❶ Oops! Mommy forgot the keys.

あらら。ママは鍵を忘れちゃった。

❷ Oops! Daddy forgot the formula.

あらら。パパはミルクを忘れちゃった。

❸ Oops! Daddy forgot your blanket.

あらら。パパは○○ちゃんの毛布を忘れちゃった。

 何歳でも◎

❹ Oops! I forgot the chopsticks.

あらら。お箸を忘れちゃった。
（食卓などで食べ始める前に）

❺ Oops! I forgot my wallet.

あらら。お財布を忘れちゃった。
（スーパーマーケットなどで）

失敗しても、恥ずかしがらずに自分らしく生きていく力をお子さんに身につけてほしいですよね。そういう強い心を育むため、1つできることは、親の失敗をあえて子どもに見せることです。この英語のパターンを日頃使うと

- 親も失敗する時があること
- 失敗してもすぐに立ち直る大切さ
- 失敗を隠さないこと

をお子さんに見せることができます。

なので、簡単なパターンではありますが、何かを忘れた時に、このパターンを使って、「忘れちゃった」と言ったあとに次のような1文をつけ足してみてください。例えば例文❶、❷、❸なら…

··········▷ **Oops! Mommy forgot the keys.** That's okay. Let's go back home to get them.

あらら。ママは鍵を忘れちゃった。大丈夫!　取りに帰ろう。

··········▷ **Oops! Daddy forgot the formula.** That's okay. Everybody forgets things.

あらら。パパはミルクを忘れちゃった。大丈夫!　誰でも忘れ物をするね。

··········▷ **Oops! Daddy forgot your blanket.** Not a problem! Sometimes we forget things.

あらら。パパは○○ちゃんの毛布を忘れちゃった。問題なし!　忘れる時もあるからさ。

参考
動画

74 Can you keep Mommy / Daddy / me company while she / he / I ⬚⬚⬚ ?

ママ／パパが ⬚⬚⬚ をするのに、付き合ってくれる？

 赤ちゃんの例文

 Track 101

❶ <u>Can you keep Mommy company while she</u> makes dinner?

ママが夕飯を作るのに、付き合ってくれる？

❷ <u>Can you keep Daddy company while he</u> folds the laundry?

パパが洗濯物を畳むのに、付き合ってくれる？

❸ <u>Can you keep Daddy company while he</u> sets the table?

パパが食卓の準備をするのに、付き合ってくれる？

 何歳でも◎

❹ <u>Can you keep me company</u> at the doctor's office?

病院に行くのに付き合ってくれる？

❺ <u>Can you keep me company</u> at the supermarket?

スーパーマーケットに行くのに付き合ってくれる？

親に用事がある時にめっちゃ使える！

"keep someone company"は、その人が1人にならないように付き合ってあげるという意味ですが、子育ての中では親がどうしてもやらないといけないことがあり、それにお子さんに少し付き合ってほしい時に使います。つまり「ママ／パパは今○○ちゃんと遊べないから逆にママ／パパの近くにいてくれる？」と許可をもらうようなパターンです。ですので、親がしないといけない用事がある時にこのパターンが結構使えます。

 もっと簡単なバリエーション

これをもっとシンプルに言いたかったら、今からすることを話し、そのあと"Can you keep me company?"を付け加えることもできます。例えば次のようになります。

> ⋯⋯ **Daddy is going to fold the laundry.** Can you keep me company?
>
> パパは洗濯物を畳むね。付き合ってくれるかな？
>
> ⋯⋯ **Mommy is going to clean the house.** Can you keep me company?
>
> ママは家の掃除をするね。付き合ってくれるかな？

 "company"は「会社」だけではない

もしかすると多くの日本人は"company"と聞くと「会社」のことだと思うかもしれません。しかし、もう1つの意味があります。それは「同伴者や仲間と一緒にいること」です。その延長線で、companyを使った英語のフレーズがたくさんあります。その1つが"keep someone company"であり、意味はその人が1人にならないように、付き合ってあげることです。このパターンで紹介した例文はまさしくこの意味を持ちます。(※)

参考
動画

75 Daddy / Mommy / I can't find ⬚⬚⬚ !

⬚⬚⬚ が見つからない！

 赤ちゃんの例文

Track 102

❶ Daddy can't find the baby wipes!

パパはおしりふきが見つけられない！

❷ Mommy can't find your favorite book!

ママはあなたのお気に入りの絵本が見つけられない！

 3歳〜◎

❸ I can't find your karate bag!

あなたの空手のバッグが見つからない！

❹ I can't find my glasses!

私のメガネが見つからない！

❺ I can't find my phone!

私の携帯が見つからない！

バタバタな子育ての中でよく使う

子育てしていると、自分の面倒だけじゃなく、小さな赤ちゃん、もしくは子どもという別の人間の面倒も見ないといけません。私の正直な感想は、やっぱり責任が重くストレスフルでした。そのせいかどうかはもちろんはっきり言えませんが、私の場合は子どもができた時に、急に忘れ物が多くなりました。本当に、鍵やおむつバッグなどに「逃げられたの?」と思うくらい。不思議でした(笑)。

その時、誰でもテンパりますが、"I can't find _____!"というパターンさえ覚えておけば、その瞬間をお子さんの英語のインプットに変えられると思います。なので今度、何かをなくした時に「大丈夫! これは子どもの英語のため」ということにして、自分を責めるのをやめましょうね(笑)。

 こういう時にも使えるパターン

モノをどこに置いたかわからない時に使えるパターンですが、お店などで何かを見つけられない時にも使えます。例えば

I can't find the frozen food aisle.

冷凍食品がどこにあるかわからない。
(スーパーマーケットやドラッグストアで使える)

I can't find the diapers in this store.

このお店はおむつがどこにあるかわからない。
(ドラッグストアやベビーストアで使える)

となります。

ここまでが、おうち英語の語りかけに使っていただける75個のパターンでした。いかがでしたでしょうか?
もう既に見たことのあるパターンもあったと思いますが、その場合は、本書で紹介している形容詞や動詞、名詞などを入れ替えてみて、どんどん新しい文をお子さんに話してみてください。もし、使ったことがないパターンが多かったなら、焦らないで、自分のペースで1つずつ使ってみてください。大事なのはアウトプットすることなので、まず、この本で紹介している例文をそのまま使ってみていただくのがいいと思います。
バイリンガル子育ては簡単ではありませんが、お子さんのためにとても素敵なことをされているので、諦めずに楽しくやってみてくださいね!

参考動画

217

"Good job!"から脱却しよう!
褒め方のバラエティ

Track 103

「褒める時に"Good job!"しか出てこない……どうしよう!」と相談される親御さんが
非常に多いので、こちらで褒めるフレーズやパターン、単語をリストアップします。
状況に合わせてどれでも使って頂いて問題ないですが、小さな赤ちゃんの場合は、毎
日新しい語彙に触れさせることも大事なので、よかったらそれぞれ何度も使ってみてく
ださい。

褒め言葉一覧

次のいずれも、子どもに対してネイティブの親がよく使う褒め言葉です。どれも「すご
い」と「素晴らしい」、「最高」の意味を持ちます。

- great
- wonderful
- amazing
- awesome
- fabulous
- terrific
- impressive
- fantastic
- marvelous
- outstanding
- beautiful
- unbelievable

＊beautifulは直訳すると「美しい」ですが、人が何かをした後に"Beautiful!"と言うと「立派でした」
　という意味です。

上の言葉一覧をパターンに入れてみよう

褒め言葉一覧にリストアップされている単語は次のパターンに入れることもできます。

You did a ⬜⬜⬜ job! / You did an ⬜⬜⬜ job!
すごかった!
＊aとanの使い分けについては、76ページのコラムをご覧ください。

褒め言葉一覧の単語を単発でお子さんに対して使ってもいいですし、パターンの中
に入れて更にお子さんの語彙力を高めようとしてもOKです!

例えば、子どもが絵を描いた時に、次のいずれも使えます。赤ちゃんに対しても使えます。

単語のみの場合　**Awesome!** （素晴しい!）

パターンに入れる場合　**You did an awesome job!** （すごかった!）

Good job!の代わりに使えるフレーズ

- **Way to go!** （よくできた!）
- **Great job!** （よくできた!）
- **Great work.** （よくできた!）
- **I'm so proud of you!** （ママ／パパの誇り!）
- **Yay! You did it!** （やった!　できたね!）
- **You nailed it.** （ばっちりじゃん!）
- **You're a rock star!** （あなたって最高じゃん!）

Good job!の代わりに使えるパターン

ややこしいですが、次のどの場面かによって、使える英語のパターンが若干変わってきます。

お子さんの行動を褒めたい時
お子さんが速く走った時や自転車に乗れた時など、素敵なことを行った時にはこちらのパターンを使います。

That was ____ ! 素晴らしかった!		
That was amazing!	That was unbelievable!	That was wonderful!

最後に入れる形容詞は218ページの褒め言葉一覧のいずれかを選びます。

もう少し言葉を足したい場合は、"was"の後に"truly"や"really"などのような副詞を入れると、より強調することができます。

That was truly / really [___]!
本当に素晴らしかった！

That was truly amazing!（That was really amazing!）

That was truly unbelievable!（That was really unbelievable!）

お子さんの作ったものが目の前にある時

お子さんの描いた絵などが親の目の前にある時には、こちらのパターンでお子さんを褒めます

This is [___]!
これは素晴らしい！

| This is amazing! | This is unbelievable! | This is wonderful! |

こちらも同じく、もう少し強調して褒めたい場合は、"is"の後に"truly"などのような副詞を加えてもいいです。

This is truly [___]!
これは本当に素晴らしい。

That was [___]!とThis is [___]!を使い分ける正確な理由は、次の2つです。

- 行動は終わったので過去形にする
- 作ったものは今も持っているので現在形にする

お子さんの努力などを日頃褒めるのは、お子さんの自己肯定感作りに非常に大事なことですので、ぜひ、皆さんにとって使いやすいパターンと単語を使ってみてください。

英語の「ジェンダー・ルール」は無視していい

Track 104

皆さんのおうちはそれぞれ違います。話す言語も、考え方も、家族構成も、すべて違います。自分と全く同じ家族は世界に1つもないので、私達の家族はそれぞれ、ダイヤより希少なものです。この違いと希少さは「多様性」と呼ばれます。

みんなこんなに違うのに、人間はどうしても「周りの人は何をしているのか?」とか「どう思っているのか?」を無意識に気にしてしまい、「合わせなくちゃ」と、なんとなく思うことが多いです。その1つの場面はジェンダーに関するものです。

「ジェンダー」と聞くと性別（英語で"sex"）だと思う方が多いですが、全然違います。ジェンダー研究者Kyl Myers博士によると"sex"は解剖学と生理学における性染色体や性ホルモン、性器、外性器のことです。体の作りですね。しかし、ジェンダーは、男性と女性が生物学的な性別に基づいて期待される社会的・文化的なルールと役割を指します。（※）

この社会的・文化的なルールからは様々な問題が発生します。この問題は子育てをされている親御さんにも大きく影響します。

子育てとの関係は?

残念ながら、私達がジェンダーに関して持っている先入観（ジェンダー・バイアス）のせいで、社会に様々な暗黙のルールが作られています。

- ママは女性である（ママに"she"という代名詞を使う）
- パパは男性である（パパに"he"という代名詞を使う）
- 家族はママとパパで構成される

特に英語の場合は、主語がはっきりしているせいで、文法的なルールにジェンダーが当てはまらないことが結構あります。そこで、このコラムでは英語で子育てをされている皆さんのために、「ジェンダーにまつわる英語のあるある問題」への対処法を2つほどシェアしたいと思います。

POINT❶ 自分の代名詞を選ぶこと(※)

自分が"she"であるか、"he"であるかは、自分しか決められないことなので、自分が「気持ちいい」と思う代名詞を選んでください。産まれた時に「女性」と言われたけど「自分が"he"と呼ばれたい」方は、そのことについて、家族と話してください。海外では様々な呼び方がありますが、まったくオリジナルな呼び方でももちろん問題ありません。また、自分の気持ちですので、次のような組み合わせもまったく問題ありません。

> ### Mommy loves to cook! He loves to cook!
> ママは料理をするのが大好き！　彼は料理が好きね！
>
> ### Daddy is working! She is so busy!
> パパはお仕事している！　彼女は忙しいね！

和訳は主語が多くて違和感がありますが、英語としては主語が必要なので2つ目の主語をどうするかと悩まれる親御さんが多いです。こういう時には、ママには"she"を、パパには"he"を使うという英語の文法を無視しましょう。「子どもに間違った英語を教えたくない」と心配する必要はありません。英語を教える前に、親としてやらないといけないことは、子どもとの絆を深めることと、子どもがありのままの自分を愛し受け入れてもらえる環境を作ってあげることです。もし親が自分らしくいられる環境を作らなければお子さんにとっても自分らしくいられる環境になりません。

POINT❷ 自分でルールを作ること

46ページのコラムで説明したように、小さなお子さんに対して、親は自分のことを"I"や"me"と呼ばず"Mommy"と"Daddy"と呼びます。本書では、皆さんの混乱を防ぐために私も(残念なことに)"Mommy"と"Daddy"を前提として例文を書かせて頂きました。ですがママ・パパ家族じゃない家族も多くあります。その場合は、おうち英語を実践されている親御さんはどのように自分のことを呼べばいいのか若干悩ましく思われるでしょう。その場合のルールは次のページに書きました。

多くの2人ママ家族と2人パパ家族に聞いたところ、実はいろんなやり方があるそうです。例えば

Daddy loves curry. Other Daddy loves yakiniku.
ダディはカレーが大好き。もう1人のダディは焼肉が大好き。

Mommy loves curry. Other Mommy loves yakiniku.
マミィはカレーが大好き。もう1人のマミィは焼肉が大好き。

Daddy loves curry. Daddy2 loves yakiniku.
ダディはカレーが大好き。ダディ2は焼肉が大好き。

Mommy loves curry. Mommy2 loves yakiniku.
マミィはカレーが大好き。マミィ2は焼肉が大好き。

自分でどう呼ばれたいかを考えて、それを家族に共有し、うまくいくかどうかを試すパターンが多いです。多くの場合は途中で違う呼び方になるようですが、家族に自分の正直な気持ちを伝えながら、毎日、自分らしく生きることが重要です。これが唯一のルールです!

子育てによく使う
Word List

Track 105

子育てによく使う「動詞」の一覧表

どの分野においても「よく使う単語」があるのと同様に、子育てにおいても、よく使う動詞がたくさんあります。ネイティブの親として、私の子育ての中で、よく使っている動詞と句動詞のリストをこちらに記載します。

私のオススメの使い方は、まず、この一覧表を見て頂いて、自分が使っている動詞と使っていない動詞を探して、使っていない動詞を見つけたら、今日からでも使えるように、メモなどをしてみることです。

0歳

crawl ハイハイする	roll over 寝返りを打つ	cry 泣く	sit up 1人で座る
grab 掴む	squeeze (指で)強く握る	reach 手を伸ばす	hold 持つ
play 遊ぶ	sleep 寝る	laugh 笑う	hug ハグする
kiss キスする	rock 揺らす	lie down 横になる	change (your diaper) (おむつを)替える
love 愛する (何かが大好き)	stretch ストレッチする (腕を伸ばすなど)	cuddle ギューする	

1～2歳

go 行く	walk 歩く	run 走る	jump ジャンプする
tickle くすぐる	explore 冒険する	discover 発見する	find 見つける
climb 登る	listen よく聞く	build 作る	talk 話す
sing 歌う	dance 踊る	read 読む	count 数える
share シェアする	push 押す	pull 引っ張る	play pretend ごっこ遊びをする
help 手伝う	take a bath お風呂に入る	eat 食べる	look 見る
clean (clean up) 片づける	pick up 散らかったものを拾う	put away 正しい収納場所に置く	put back 元の場所（正しい場所）に戻す
make 作る	pick 選ぶ	choose 選ぶ	try トライする
wash 洗う	dry 乾かす	open 開ける	close 閉める
like 好き（好む）	wiggle （足などを）くねくねする	wave （手などを）振る	kick 蹴る
fall 転ぶ			

3歳〜

tell 教える	imagine 想像する	learn 学ぶ	look for 探す
draw 絵を描く	ask （人に何かを）聞く	answer 答える	sort 分ける
color 色を塗る	swing ブランコで遊ぶ	visit 訪れる（行く）	enjoy 楽しむ
brush (your hair) （髪に）ブラシを かける	cut 切る	wear 着ている	put on (clothes) （洋服）を着る
get sick 風邪などをひく	cook 料理をする	change (your mind) （考えを）変える	feel 感じる
scoot (over) 位置をずらす	watch 観る（映画などを）	trip ちょっと転ぶ	ride 乗る
forget 忘れる			

日頃お子さんと接する中で、形容詞をたくさん使うメリットは2つあります。

❶形容詞を使うことによって、親御さんが「自分の意見を相手に伝える」見本になる

❷簡単に1〜2秒で英単語のインプットができる

しかし、形容詞についても多くの親御さんから「もっと使いたいけどどんな形容詞を使えばいいか？」という相談をよく受けます。ですので、こちらに1日の中でずっと使える形容詞のリストを作りました。

目を通して頂いて「あ！　これ、あまり使っていないかも！」という形容詞に出会ったら、すぐにお子さんに対して使ってみましょう。

形容詞はたくさんあるので、色や気持ちなど、項目に分けて整理して記載しました。

一般的な色

一般的な色についてお子さんと話す時に、色の前に"light"、"dark"や"bright"のような形容詞を入れると、更に英語のインプットにつながります。

light：より淡い、またはよりソフトな色合いを表す

dark：濃い色という意味。色がより深く、より強い色合いを指す。明度が低い場合に使う

bright：明るさを示す。鮮やかで強く、高い明度を持つ

	"light"を加える	"dark"を加える	"bright"を加える
red 赤の	light red 薄い赤の	dark red 濃い赤の	bright red 真っ赤の
blue 青の	light blue 薄い青の	dark blue 濃い青の	bright blue 真っ青の
green 緑の	light green 薄い緑の	dark green 濃い緑の	bright green 明るい緑の

yellow 黄色の	light yellow 薄い黄色の	dark yellow 濃い黄色の	bright yellow 明るい黄色の
purple 紫の	light purple 薄い紫の	dark purple 濃い紫の	bright purple 明るい紫の
pink ピンクの	light pink 薄いピンクの	dark pink 濃いピンクの	bright pink 明るいピンクの
orange オレンジの	light orange 薄いオレンジの	dark orange 濃いオレンジの	bright orange 明るいオレンジの
gray グレーの	light gray 薄いグレーの	dark gray 濃いグレーの	-
brown 茶色の	light brown 薄い茶色の	dark brown 濃い茶色の	-
white 白の	-	-	-
black 黒の	-	-	-
gold 金色の	-	-	-
silver 銀色の	-	-	-
turquoise ターコイズの	light turquoise 薄いターコイズの	dark turquoise 濃いターコイズの	bright turquoise 明るいターコイズの
violet すみれ色の	light violet 薄いすみれ色の	dark violet 濃いすみれ色の	bright violet 明るいすみれ色の

一般的な気持ち

197ページで、親子で気持ちについて話し合う大切さについてお話ししましたが、親子でお互いの気持ちについて話し合う時に、ぜひ、こういった形容詞を使ってみてください。

happy 嬉しい、幸せ	sad 悲しい	mad / angry 怒っている	sleepy 眠い
jealous 嫉妬している	excited 楽しみ	surprised 驚いている	scared 怖い
lonely 寂しい	shy シャイな	embarrassed 恥ずかしい	proud 誇りに思っている

一般的な味や食感

0歳から「○○は美味しかった?」とか「熱かった?」などのような「食事」「飲み物」に対する形容詞をたくさん使います。それらもまとめてみたのでこちらをご参照ください。

good 美味しい	yummy (3歳まで) 美味しい	delicious (3歳から) 美味しい	sour 酸っぱい
hot 熱い、辛い	spicy 辛い	cold 冷たい	crunchy パリパリ
chewy もちもち	creamy クリーミー	tender 柔らかい (お肉など)	juicy ジューシー (お肉など)
refreshing 爽やかな	moist しっとりしている	gooey / slimy ネバネバしている	

肌の感覚

手などで触った時の感覚を表す形容詞もたくさんあります。こちらは0歳から、抱っこして家の中を回りながらいろんなものを触る時に使える形容詞です。

round 丸い	hard 硬い	soft 柔らかい	rough ガサガサしている
smooth 滑らか	cool 冷たい	warm 温かい	bumpy でこぼこしている
damp 濡れている	sticky ベタベタする		

その他子育てによく使う形容詞

fast 速い	slow 遅い	tall 背が高い （ビルなどが高い）	short 背が低い
big 大きい	huge でかい	beautiful きれい	loud うるさい
quiet 静か			

おわりに

本書を最後まで読んで頂き本当にありがとうございます!

私は、8年前からYouTubeやインスタグラム、ブログなどで、単に英語で子どもに語りかけるのではなく、
- ・どんな状況で
- ・どんなマインドで
- ・どんな親子関係を作りたいか

などをイメージしながら語りかけることを、ずっと発信してきました。

本書は、その8年間の私のノウハウとハートがたくさん詰まっている本であり、皆さんの役に立てたら非常に嬉しいです。

子育ては、世界で最も難しい仕事のひとつだと私は思っています。本書を読んで頂いている方々は、そこに「英語」という更に難しい要素も取り入れようとしていて、そういういわゆる「おうち英語を実践されている親御さん」を毎日見ている私は、尊敬しかありません。

「おうち英語をやめたい……」と思う日もあると思います。どんな難しい仕事にもそういう日があります。でも、皆さんは1人ではありません。日本中にいろんな形でおうち英語を取り入れている親御さんがいます。みんなは仲間です! 少なくとも、私はその1人だと思って頂きたいです。これからも、私もネイティブのママとして、おうち英語を頑張っている皆さんをもっともっとサポートできるように、全力を尽くしたいと思います! これは、皆さんに約束することです!

Remember, you're doing a great job! You're a wonderful parent, and your child is lucky to have you! Don't ever forget that!

（これだけ覚えておいてください。毎日、親として立派な仕事をしていますし、お子さんがあなたに恵まれて本当にラッキーです！ 忘れないでね!）

2024年6月　バイリンガルベイビー

参 考 文 献

2ページ
ETS TOEFL iBT®ウェブサイトより、TOEFL iBT® Test and Score Data Summary 2022
https://www.ets.org/pdfs/toefl/toefl-ibt-test-score-data-summary-2022.pdf

13ページ
National Library of Medicineウェブサイトより、Language development and intelligence in midlife
https://pubmed.ncbi.nlm.nih.gov/30463103/

25ページ
ScienceDailyウェブサイトより、Secrets of baby talk: Why mothers say coo while fathers stay cool
https://www.sciencedaily.com/releases/2015/05/150519083257.htm

58ページ
National Library of Medicineウェブサイトより、Differential effects of speech situations on mothers' and fathers' infant-directed and dog-directed speech: An acoustic analysis
https://www.ncbi.nlm.nih.gov/pmc/articles/PMC5653764/

Princeton Universityウェブサイトより、Uncovering the sound of 'motherese,' baby talk across languages
https://www.princeton.edu/news/2017/10/12/uncovering-sound-motherese-baby-talk-across-languages

92ページ
University of Illinois Urbana-Champaignウェブサイトより、Toy talk promotes language development
https://ahs.illinois.edu/blog/toy-talk-promotes-language-development

95ページ
WHOウェブサイトより、To grow up healthy, children need to sit less and play more
https://www.who.int/news/item/24-04-2019-to-grow-up-healthy-children-need-to-sit-less-and-play-more

135ページ
Harvard Health Publishingウェブサイトより、Why play? Early games build bonds and brain
https://www.health.harvard.edu/blog/why-play-early-games-build-bonds-and-brain-202302022884

140ページ
Harvard UniversityのCenter on the Developing Childウェブサイトより、Serve and Return
https://developingchild.harvard.edu/science/key-concepts/serve-and-return/

161ページ
Harvard UniversityのCenter on the Developing Childウェブサイトより、How to motivate children: science-based approaches for parents, caregivers, and teachers
https://developingchild.harvard.edu/resources/how-to-motivate-children-science-based-approaches-for-parents-caregivers-and-teachers/

168ページ
Mayo Clinicウェブサイトより（メイヨー・クリニックはアメリカの優れた病院として2018年にNo.1に選ばれた有名な病院です）、Infant development: Birth to 3 months
https://www.mayoclinic.org/healthy-lifestyle/infant-and-toddler-health/in-depth/infant-development/art-20048012

Mayo Clinicウェブサイトより、Infant development: Milestones from 4 to 6 months
https://www.mayoclinic.org/healthy-lifestyle/infant-and-toddler-health/in-depth/infant-development/art-20048178

Mayo Clinicウェブサイトより、infant development: Milestones from 7 to 9 months
https://www.mayoclinic.org/healthy-lifestyle/infant-and-toddler-health/in-depth/infant-development/art-20047086

170ページ
Mayo Clinicウェブサイトより、Infant development: Milestones from 10 to 12 months
https://www.mayoclinic.org/healthy-lifestyle/infant-and-toddler-health/in-depth/infant-development/art-20047380

197ページ
CASELウェブサイトより、Fundamentals of SEL
https://casel.org/fundamentals-of-sel/

Everyday Speechウェブサイトより、Empowering Parents: A Guide to Social-Emotional Learning Resources
https://everydayspeech.com/sel-implementation/empowering-parents-a-guide-to-social-emotional-learning-resources/

215ページ
Cambridge Dictionaryウェブサイトより、"company"
https://dictionary.cambridge.org/dictionary/english/company

222ページ
Raising Zoomerウェブサイトより、Sex & Gender 101
https://www.raisingzoomer.com/article/2016/1/6/sex-and-gender-101

223ページ
Redditウェブサイトより、Trans parents, what do your kids call you?
https://www.reddit.com/r/asktransgender/comments/18macac/trans_parents_what_do_your_kids_call_you/

イラスト／たし
音声出演／アイシャ・レバイン、AIRI
音声制作／ELEC
デザイン／MOAI

スマホで音声をダウンロードする場合

abceed
AI英語教材エービーシード

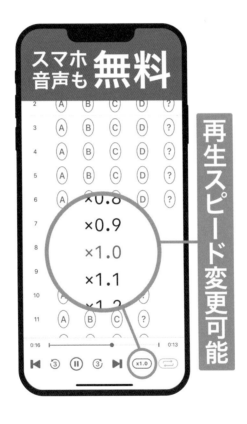

スマホ
音声も**無料**

再生スピード変更可能

×0.8
×0.9
×1.0
×1.1
×1.2

ご利用の場合は、下記のQRコードまたはURLより
スマホにアプリをダウンロードしてください。

https://www.abceed.com
abceedは株式会社Globeeの商品です。

バイリンガルベイビー

日本で暮らすアイシャ（アメリカ人）とタカヒロ（日本人）、そして可愛い2人の子どもたちによる、国際結婚ファミリーの YouTube チャンネル。ネイティブが日常的に使う「活きた英会話」を日本中に届けたい！という想いから2015年から「バイリンガルベイビー」をスタート。チャンネル登録者数は 35 万人（2024年6月現在）。投稿してきた760本以上の動画には、英語育児で使える自然な英語フレーズはもちろん、アメリカ流子育てならではの自己肯定感の高い子どもを育てられる要素が満載。また、アイシャはアイシャ・レバインとして、最新研究をもとに日本と海外の強みを取り入れた「レバイン式子育て法」をベースとした子育て相談や英語育児のコーチングを通して日本人ママパパのグローバル子育てを支援。著書には、11時間で完売したバイリンガル絵本『My Moon, Your Moon』や『親から始まる「正解のない時代」を生き抜く世界基準の子育て』（双葉社）がある。

YouTube：バイリンガルベイビー英会話
Instagram：@bilingualbaby
Blog：https://levine.jp/

ネイティブママが実践！中学英語だけで話せる
おうち英語　語りかけパターン75　音声ダウンロード付

2024年 7 月19日　初版発行

著者／バイリンガルベイビー

発行者／山下　直久

発行／株式会社KADOKAWA
〒102-8177　東京都千代田区富士見2-13-3
電話 0570-002-301(ナビダイヤル)

印刷所／株式会社暁印刷

製本所／株式会社暁印刷